AF276393

eBook gratuito en COLEX Online

⊘ Acceda a la página web de la editorial **www.colex.es**

⊘ Identifíquese con su usuario y contraseña (en caso de no disponer de una cuenta regístrese).

⊘ Acceda en el menú de usuario a la pestaña "Mis códigos" e introduzca el siguiente.

RASCAR PARA VISUALIZAR EL CÓDIGO

⊘ Una vez se valide el código, aparecerá una ventana de confirmación y su eBook estará disponible en la pestaña "Mis libros" en el menú de usuario.

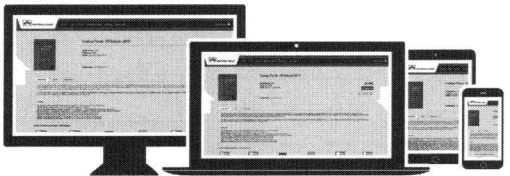

¡Gracias por confiar en Colex!

La obra que acaba de adquirir incluye de forma gratuita la versión electrónica.

Acceda a nuestra página web para aprovechar todas las funcionalidades de las que dispone en nuestro lector.

Funcionalidades eBook

**Acceso desde
cualquier dispositivo**

**Idéntica visualización
a la edición de papel**

Navegación intuitiva

Tamaño del texto adaptable

Puede descargar la APP "Editorial Colex" para acceder a sus libros y a todos los códigos básicos actualizados.

Síguenos en:

LA REPRESIÓN DEL CRIMEN ORGANIZADO:
ANÁLISIS DE DERECHO COMPARADO

LA REPRESIÓN DEL CRIMEN ORGANIZADO:
ANÁLISIS DE DERECHO COMPARADO

Javier Veiga Vacchiano

COLEX 2024

«La mafia non è affatto invincibile; è un fatto umano e come tutti i fatti umani ha un inizio e avrà anche una fine. Piuttosto, bisogna rendersi conto che è un fenomeno terribilmente serio e molto grave; e che si può vincere non pretendendo l'eroismo da inermi cittadini, ma impegnando in questa battaglia tutte le forze migliori delle istituzioni».

«La mafia no es en modo alguno invencible; es un hecho humano y como todo hecho humano tiene un principio y también tendrá un final. Más bien, hay que darse cuenta de que es un fenómeno terriblemente grave y muy grave; y que se puede ganar no exigiendo heroísmo a los ciudadanos indefensos, sino comprometiendo a todas las mejores fuerzas de las instituciones en esta batalla».

Giovanni FALCONE

7

Sumario

1

PRÓLOGO

2

LAS NACIONES UNIDAS FRENTE AL CRIMEN ORGANIZADO: LA CONVENCIÓN DE PALERMO

—Pág. 25—

3

LAS ORGANIZACIONES CRIMINALES EN LOS EE.UU.: LA LEY RICO

4
MÉXICO Y EL CRIMEN ORGANIZADO
—Pág. 63—

5
INSTRUMENTOS DEL ESPACIO DE LIBERTAD, SEGURIDAD Y JUSTICIA EUROPEO

6
LA LUCHA DEL ESTADO ITALIANO CONTRA *DEI MAFIOSI*

7

REINO DE ESPAÑA: NUESTRAS
ARMAS FRENTE A LAS
ORGANIZACIONES CRIMINALES
—Pág. 137—

AGRADECIMIENTOS

Desde hace muchos años supe que escribir sobre materias jurídicas era mi pasión. No diré que es un don porque aún estoy muy lejos de grandes autores y juristas que con afilada pluma (o teclado, dada la evolución de los tiempos) tan certeramente elaboran sus obras, pero sí es algo que colma mis momentos de paz y reflexión. Muchos artículos, y muchas horas invertidas en ellos lo atestiguan. No obstante, el poder escribir es un privilegio que me han otorgado quienes en el día a día me han apoyado de una forma tan constante, y la lista es interminable. De modo que espero que el estimado lector tenga un poco de paciencia, pronto podrá sumergirse en estas páginas, pero una deuda de gratitud no puede demorarse.

Quiero agradecer particular y enérgicamente a mis padres, Maria Paz y Fernando, y a mi hermano José Ignacio, por haber hecho posible el sueño de toda una vida: servir a la Justicia en mi condición de Fiscal. Ineludiblemente, en idéntico sentido van mis agradecimientos y mis parabienes hasta el fin de mis días a mi preparador Eduardo y a su mujer Nieves, quienes han guiado mis pasos desde que empecé la oposición hasta que logré mi toga, y a sus hijos, Javier y Eduardo, con quienes comparto vínculo de amistad.

A mis amigos y amigas de toda una vida, quienes crecieron conmigo en el colegio y con los que hasta el presente momento me han visto en todas y cada una de mis etapas, y sobre todo ahora como integrante de la Carrera Fiscal. En nuestros viajes y en nuestras quedadas, en nuestras penas y nuestras alegrías han sido sencillamente imprescindibles, aunque no hay palabras que describan perfectamente lo que han hecho por mí en tanto tiempo. Sin duda, uno de los motores de mi vida. A vosotros, Jorge, Pablo, Enrique, Daniel, Pedro, Nacho, Ignacio, Emmeline, Paula, Jaime y Amaia.

A mis amigos de la Facultad de Derecho de ICADE, Comillas, porque con nuestros debates, disertaciones, y conversaciones fui creciendo como jurista e indudablemente como mejor persona. Aún recuerdo cuando estábamos como auténticos pipiolos en los pasillos comentando sobre nuestras clases, parece que ha sido ayer cuando seguíamos quejándonos de lo duros que eran nuestros profesores. Tampoco me puedo olvidar de mis mentores en esta facultad, quienes me inculcaron la pasión por el Derecho Penal. A vosotros, Ricardo, Alberto, Matías, Antón, Lázaro, Alejandro, Fabián, Julián y Adam.

A mis compañeros y compañeras de viaje, a quienes tuve el honor de conocer en mi período de oposición y con los que mantengo un fuerte vínculo de amistad hasta las presentes líneas (y por muchos años más). En mis momentos más duros, en mis alegrías, en el inicio de la meta, y en el final, ahí han estado. Cuando conoces a alguien en estas circunstancias, creo que solamente podemos entendernos en el camino hasta la toga los que lo vivimos diariamente. A vosotros, Javi, Álvaro, Judit, Vero, María, Pablo, Cristina, Álvaro Palacín, Ángeles, Raúl, Antón, Alejandro, Adrián, Alondra, Inmaculada, Yaiza, Pablo, Alberto, Sergio, Fernando, Miriam, Laura, Irene, María, Conchita, Irene, Elena.

A mis amigos y amigas de la 61.ª Promoción de Fiscales, porque ya el hecho de compartir con ellos Institución es honor más que suficiente, además me han brindado su amistad, cariño y apoyo durante todos estos meses hasta tal punto de guardarles un lugar en mi corazón. La emotividad con la que escribo estas palabras es incalificable, pues sé que no solamente a título de amistad, sino también profesionalmente el vínculo que nos unió aquel mes de enero de 2023 es para la eternidad. A vosotros, Silvia, Inés, Carmen, Iago, Idoia, Fernando, Rubén, Jhon, Edu, María, Juanfran, Carlos, Nacho, Arantxa, Axel, Álvaro, Melania, Alejandra, Belén, Amira, Ana, Lola, Las Lauras, Miriam, Iria, Paula, Margarita, Carmen Carlos, las Martas, Omayra, Domingo, Alfonso, Álvaro, David, Gerardo, Juan Pablo, y tantos otros.

A todos los Fiscales, Jueces y Letrados en activo que han tendido su mano en mi dirección para permitirme integrarme y formarme, porque sin ellos mis conocimientos no estarían cincelados como lo están. Entre ellos, agradecer a mis colegas de Holanda, Alemania, Polonia y Estonia por su inestimable ayuda a la hora de escribir esta obra. A vosotros, Fernando, Daniel, Mercedes, Ignacio, Rafael, Santiago, Pablo, Elena, Javier, Carlos, Mónica, Nicolás, Alberto, David, Santiago, Manuel, Antonio, Noelia, Ángel, Olga, Marian, Arancha, Hendrik, Moritz, Iris, Mikhal, y Liset.

A todos los opositores que perseguís un sueño, día a día, sin más ocupación ni más tiempo que el que dedicáis al estudio, porque yo fui, soy y seré opositor toda la vida.

A todos los que han dado su vida en la lucha contra el crimen organizado: Policías, militares, jueces, fiscales, periodistas, cargos públicos y civiles.

Me gustaría concluir con otra cita del Magistrado Giovanni Falcone, cuya fama y logros son de sobra conocidos: «los hombres pasan, las ideas permanecen. Continuarán caminando sobre las piernas de otros hombres».

INTRODUCCIÓN

Cada aspecto de nuestra vida cotidiana, como sabemos todos los que nos dedicamos a esto del mundo del Derecho, está sujeto a cierta estructura, a cierto orden jurídico. No hay faceta que escape de las normas que vienen rigiendo nuestra sociedad. La compraventa de bienes o la contratación de servicios, la utilización de espacios e infraestructura pública, la libertad deambulatoria por nuestras ciudades, los servicios públicos que financiamos con nuestros impuestos, la elección de nuestros cargos públicos representativos en los cuerpos legislativos, el establecimiento de una empresa que provea de sustento al empresario, su familia o sus trabajadores... la lista es inabarcable. Y ése es precisamente el principal problema que tendríamos si se permitiera que las organizaciones criminales camparan a sus anchas: que no podríamos tener una vida plena, en paz, libertad y Justicia. Ya sucedió en el pasado, en las épocas oscuras de los setenta y ochenta de finales del segundo milenio.

Como sociedad hemos despertado ante la posibilidad de que este fenómeno se enquistara y permaneciese inatacable, impune. Los servidores públicos, en nuestros distintos ámbitos no podíamos, ni podemos, ni permitiremos que ciudadanos inocentes vean como la única vida que tenemos en este mundo se vea truncada por la maldad de individuos que solo quieren prosperar a costa de incluso matar a sus semejantes. Los instrumentos jurídicos de los distintos ordenamientos de países que han hecho firmemente frente al crimen organizado demuestran que, con el Estado de Derecho en la mano, se puede vencer. Tan sólo hay que procurar permanecer vigilantes. Indudablemente la educación, la economía, la cultura, y los valores sociales juegan un papel crucial, pero la observancia de la aplicación de la Ley es aún más importante.

Es por ello necesario tener presente el ejemplo de aquellos Estados que han contado o que cuentan con un auge de organizaciones criminales, tomar en consideración su normativa de represión de esta delincuencia estructurada y ver qué enseñanzas podemos extraer para asegurar que no solamente proliferen, sino que también se extingan definitivamente. Y, del mismo modo, ver la respuesta jurídica que se ha elaborado desde las modernas organizaciones y organismos internacionales en esta lucha.

Impedir que la oscuridad apague la luz. Proteger a aquellos que se encuentran indefensos. Mantener la tranquilidad en las mentes y en los corazones. Ésas han sido las premisas que muchas personas han seguido, aun a costa de sus propias vidas. Que el sacrificio de tantos nos sirva de inspiración diariamente.

1

PRÓLOGO

I

La publicación por un Fiscal recién ingresado en la Carrera de una monografía de tanta entidad como que tengo el honor de prologar merece el reconocimiento de todos. Javier Veiga ha superado hace bien poco las duras oposiciones a las Carreras Judicial y Fiscal. Y cuando la mayor parte de los jóvenes de su edad abrirían un paréntesis de desconexión con el estudio, él ultima los retoques para su primer libro. Y lo hace con una obra que es algo más que un texto jurídico. Permite una aproximación a un fenómeno sociológico que no es de ahora y que es compartido por la práctica totalidad de las sociedades modernas. Ofrece también un manual para que jueces y policías, que hacen de la lucha contra el crimen organizado su batalla cotidiana, puedan conocer y valorar las soluciones puestas en marcha por otros países que han sufrido de modo especial los embates de las organizaciones criminales.

La obra inicia su recorrido con lo que el autor considera el verdadero hito de la lucha concertada contra el crimen organizado. La Convención de Naciones Unidas contra la Delincuencia Organizada Transnacional, firmada en Palermo en el año 2000 —lugar de tanta carga simbólica en la historia reciente—, permitió la definición de un incipiente marco normativo unitario. La lucha jurídica contra esta clase de delincuencia dejó de ser un combate singular en el que cada Estado se valía de sus propias fuerzas para hacer frente a una criminalidad tan destructiva. Esa Convención sirvió de base para un desarrollo legislativo posterior que convirtió lo que inicialmente presentaba el sabor de los enunciados programáticos en mandatos de obligado cumplimiento. A todos ellos se refiere el autor en su obra, con un detallado casuismo que refleja el deseo del Estado de controlar los fondos económicos que lubrican la actividad delictiva, principalmente mediante una estricta legislación para la prevención del blanqueo de capitales.

II

La monografía hace un recorrido por los sistemas comparados que se han esforzado en la búsqueda de soluciones jurídicas para hacer frente a las organizaciones criminales. Su lectura pone de manifiesto la existencia de singularidades que justifican un tratamiento propio en las coordenadas predefinidas por el derecho internacional.

Se inicia el estudio en Estados Unidos, donde los grupos mafiosos llegaron a tener tal arraigo —de ello dan cuenta inolvidables películas— que el clima de impunidad llevó a la aprobación de la conocida como Ley Rico, promovida por el jurista George Robert Blakey al comienzo de los años setenta. Las posteriores enmiendas, concebidas para extender su ámbito aplicativo, son objeto de análisis en el primero de los bloques sistemáticos de la obra, que también se detiene en el examen de las Sentencing Guidlines, esas valiosas pautas interpretativas que tanto contribuyen a la unificación de criterios en el orden jurisdiccional.

La creación de un Fiscal Federal Anticorrupción y Contra el Crimen Organizado —que ha servido de modelo a otros países— se presenta como el instrumento para hacer realidad el esfuerzo de persecución de las autoridades norteamericanas. Con una precisa cita de los textos legales, tanto de naturaleza sustantiva como procesal, que sirven de cobertura jurídica para las autoridades policiales y judiciales, Javier Veiga sistematiza todo el aparataje jurídico concebido por las autoridades para reforzar el poder del Estado en esta lucha tan desigual.

El recorrido por las soluciones del derecho comparado se detiene en México, donde el crimen organizado ha llegado a mimetizarse con algunas de las estructuras de poder, condicionando así la vigencia de las notas que definen al Estado de Derecho. La evolución de la DFS —Dirección Federal de Seguridad—, desde su creación en el año 1947 hasta su disolución en 1985 es una de las muestras más elocuentes del grado de infiltración del narcotráfico en el organigrama administrativo llamado a perseguirlo, hasta el punto de que el grave alcance de esa infiltración llevó a la Secretaría de Defensa Nacional (SEDENA), bajo el Gobierno de Felipe Calderón Hinojosa, a iniciar en los años 2006-2007 la denominada «Guerra contra el Cártel». Esto no es sino el empleo de recursos militares (la Infantería de Marina, el Ejército de Tierra y la Fuerza Aérea) para el establecimiento de zonas de restricción y de control del territorio que venían ocupando los cárteles, con auxilio de fuerzas policiales federales, estatales y locales.

En palabras del autor, «… los cárteles mexicanos: no eran (y son) otra cosa que "familias" que si bien en un principio se dedicaron al tráfico de marihuana (comúnmente llamada "mota") en el triángulo dorado del centro del país, abarcando los estados de Sinaloa, Chihuahua y Durango, luego posteriormente vieron que los beneficios que podía reportar el tráfico de sustancias estupefacientes de mayor gravedad (cocaína, posteriormente heroína) no tenía comparativa alguna».

III

La Unión Europea es un espacio político de libertad, seguridad y libre circulación que, como es lógico, no ha sido inmune al dañino efecto del crimen organizado. La Decisión Marco 2008/841, relativa a la lucha contra la delincuencia organizada, fue la culminación de un proceso legislativo con hitos muy concretos que, bajo la influencia de la Convención de Palermo del año 2000, definió un plan estratégico relativo a la delincuencia organizada. Esas escalas preparatorias de lo que puede considerarse un marco jurídico verdaderamente emblemático son minuciosamente analizadas en el capítulo 5.º de la obra.

El art. 1.º entiende por organización criminal «…una asociación estructurada de más de dos personas, establecida durante un cierto período de tiempo y que actúa de manera concertada con el fin de cometer delitos sancionables con una pena privativa de libertad o una medida de seguridad privativa de libertad de un máximo de al menos cuatro años o con una pena aún más severa, con el objetivo de obtener, directa o indirectamente, un beneficio económico u otro beneficio de orden material».

Javier Veiga se muestra especialmente crítico con esta definición que, a su juicio, restringe de forma injustificada el concepto previgente de la Acción Común 98/733/JAI. Y tiene razón, en la medida en que la decisión marco ha limitado el espacio de antijuridicidad abarcado anteriormente en la definición. El Código Penal español, sin embargo, en su art. 570 bis 1.º, proclama una fórmula en la que la ausencia de casuismo extiende más su ámbito de aplicación: «...se entiende por organización criminal la agrupación formada por más de dos personas con carácter estable o por tiempo indefinido, que de manera concertada y coordinada se repartan diversas tareas o funciones con el fin de cometer delitos».

También censura el autor el olvido de la decisión marco de lo que califica como «...dos de las facetas más relevantes cuando afrontamos el combate contra las mafias». De una parte, la tutela de las víctimas de los delitos cometidos por estas organizaciones; de otra, el establecimiento de un marco de protección sustantivo y procesal de aquellas personas que, en un momento de su vida, deciden colaborar con la justicia y se enfrentan a la venganza como forma de respuesta histórica por la organización en la que hasta ese momento había militado el declarante. En nuestro país, la Ley 4/2015, reguladora del Estatuto de la Víctima y la LO 19/1994, de protección de testigos y peritos en causas criminales, dibujan un cuadro normativo que, no sin graves omisiones, alivia esta insuficiencia. De hecho, este inconveniente ya fue puesto de manifiesto por el autor en anteriores publicaciones y coincide con el criterio del Tribunal Supremo que, en su STS 316/2023, 4 de mayo, afirmó que «...habría sido deseable un mayor rigor técnico en la redacción de la LO 19/1994», excluyendo algunas de las contradicciones que han tenido que ser objeto de integración jurisprudencial. La reivindicación de una reforma que subsane esas deficiencias ya había sido objeto de recordatorio, entre otras, en las SSTS 852/2016, 11 de noviembre y 395/2009, 16 de abril.

Las bases para el compartido propósito de lucha contra el crimen organizado, fueron fijadas el 26 de febrero de 2021, fecha en la que el Consejo de la UE acordó la sustitución del denominado «Ciclo Permanente de actuación contra la delincuencia organizada» por el EMPACT 2022, la Plataforma Multidisciplinar Europea contra las Amenazas Delictivas en el espacio de libertad, seguridad y justicia, destinada a auxiliar a los Estados Miembros a hacer frente a las redes delictivas.

La creación de la Fiscalía Europea como instrumento procesal para preservar los fondos comunitarios frente a acciones delictivas que aparten esos fondos de su legítima finalidad constituye otro de los recientes hitos del derecho europeo. Una Fiscalía, sin embargo, que ve restringida su actuación al ámbito exclusivamente económico vinculado a los fondos europeos, ajena por tanto a una lucha integral contra la criminalidad económica de carácter transnacional. El autor —que no ahorra un matiz crítico a esa decisión— subraya la vigencia de los principios de proporcionalidad, imparcialidad y equidad como límites de la acción promotora de la justicia por parte de los Fiscales integrados en esa instancia europea. Pese a ello, la existencia de un capítulo dedicado a los «Éxitos de la Fiscalía Europea» —capítulo 5.3.5— pone de manifiesto el reconocimiento a la tarea desarrollada hasta ahora por sus componentes.

No deja de ser significativo, por cierto, que mientras España sigue instalada en el histórico y trasnochado debate acerca del *quién* de la instrucción penal, Europa no duda en atribuir la investigación de los delitos que afectan a los intereses financieros de la UE al Ministerio Fiscal, descartando la opción por un sistema de investigación que convierta al juez en protagonista de la fase inicial del proceso penal.

IV

Un estudio fundado sobre el crimen organizado no puede prescindir de una referencia particularizada a la heroica lucha de los Jueces italianos frente a la mafia. Esa batalla, que alcanzó puntos álgidos de extrema violencia, tampoco se entiende sin el análisis de los antecedentes históricos —desde la Roma clásica hasta nuestros días, pasando por los momentos decisivos del fascismo italiano—, que son descritos con precisión y detalle en la obra, señalando el año 1979 como el punto de inflexión en el que «...los integrantes de las familias mafiosas en Italia no se mataban los unos a los otros, sino que asesinaban a personalidades de las instituciones públicas». El análisis de los macroprocesos, los instrumentos jurídicos contra la mafia y la importancia de los «pentiti», ocupan también un lugar destacado en el análisis de Javier Veiga.

La obra dedica su último capítulo a examinar la respuesta de nuestro sistema jurídico a la delincuencia organizada. La reforma operada por la LO 5/2010, que tipificó con autonomía la pertenencia a grupos (art. 570 ter del CP) u organizaciones criminales (art. 570 bis del CP), supuso un paso decisivo en esta materia. A la delimitación entre esos dos conceptos y el de asociación ilícita (art. 515 del CP), dedica el autor uno de los apartados del capítulo 10. Y lo hace con el apoyo de la jurisprudencia del Tribunal Supremo que se ha esforzado en subrayar la diferencia fenomenológica entre esas realidades criminales. El estudio de algunas cuestiones referidas al derecho procesal —jurisdicción y competencia— y a la adecuada calificación jurídica de estos hechos —atenuante de confesión, regla concursal y penalidad—, centra también el interés del autor.

La obra termina con unas propuestas suscritas para hacer más eficaz la cobertura jurídica necesaria para la lucha contra la delincuencia organizada. Son soluciones inspiradas por pronunciamientos jurisprudenciales que han puesto de manifiesto algunas de esas deficiencias, así como por la Memoria de la Fiscalía General del Estado que, por su posición institucional y, sobre todo, por el espacio funcional que es propio del Ministerio Fiscal, representan una atalaya privilegiada para analizar deficiencias y sugerir propuestas de reforma.

Sólo me resta reconocer a Javier Veiga su mérito por el tiempo que ha invertido para hacer realidad esta magnífica monografía y felicitarle por una nueva publicación que engrosará su ya brillante curriculum.

Manuel Marchena Gómez
Magistrado del Tribunal Supremo
Presidente de la Sala Penal

2

LAS NACIONES UNIDAS FRENTE AL CRIMEN ORGANIZADO: LA CONVENCIÓN DE PALERMO

«La firma de la Convención en Palermo en diciembre de 2000 marcó un hito en el fortalecimiento de nuestra lucha contra la delincuencia organizada».

Kofi Annan
Secretario General de las Naciones Unidas

El epicentro de la lucha internacional contra el crimen organizado tiene su origen en la ciudad de Nueva York, sede de las Naciones Unidas. El 15 de noviembre del año 2000 se aprueba la Resolución 55/25 en la Asamblea General de las Naciones Unidas, cuyo Anexo I contiene la Convención contra la delincuencia organizada trasnacional: esta norma de Derecho Internacional Público será firmada el 13 de diciembre de ese mismo año por el representante plenipotenciario del Estado español en la ciudad de Palermo, a la sazón, lugar de referencia en el combate del Estado de derecho frente a una mafia y durante tantos servidores públicos italianos perdieron sus vidas.

El texto entró en vigor de forma general y para España el 29 de septiembre de 2003, de conformidad con lo establecido en su artículo 38.

Al amparo de lo previsto en el artículo 94.1 a) y e) y 96 de la Constitución Española, en tanto que se requería previa autorización de Cortes Generales para la vinculación de nuestro país a las disposiciones de la Convención, el texto es objeto de publicación en el Boletín Oficial del Estado y despliega obligaciones jurídicas para el legislador del Reino.

En su articulado se establece de manera taxativa y terminante la finalidad de articular la cooperación para prevenir y hacer más eficaz la lucha contra las organizaciones criminales transnacionales. En su preámbulo, constata lo que resulta obvio, a la par que imprescindible: «*Si la delincuencia atraviesa las fronteras, lo mismo ha de hacer la acción de la ley. Si el imperio de la ley se ve socavado no sólo en un país, sino en muchos países, quienes lo defienden no se pueden limitar a emplear únicamente medios y arbitrios nacionales. Si los enemigos del progreso y de los derechos humanos procuran servirse de la apertura y las posibilidades que brinda la mundialización para lograr sus fines, nosotros debemos servirnos de esos mismos factores para defender los derechos humanos y vencer a la delincuencia, la corrupción y la trata de personas*».

En tanto que el crimen organizado se sirve de la comisión de delitos para aumentar su poder y sus finanzas (tráfico de drogas, trata de seres humanos y tráfico de armas), la Convención igualmente incorpora los siguientes Protocolos a fin de garantizar la represión de aquellas conductas:

– Protocolo para prevenir, reprimir y sancionar la trata de personas, especialmente mujeres y niños, que complementa la Convención de las Naciones contra la Delincuencia Organizada Transnacional (aprobado junto a la Convención en virtud de Resolución 55/25).

– Protocolo contra el tráfico ilícito de migrantes por tierra, mar y aire, que complementa la Convención de las Naciones Unidas contra la Delincuencia Organizada Transnacional (Junto a la Resolución 55/25).

Posteriormente, por Resolución 55/255 de 31 de mayo de 2001, se aprobó el Protocolo contra la fabricación y el tráfico ilícitos de armas de fuego, sus piezas y componentes y municiones, que complementa la Convención de las Naciones Unidas contra la Delincuencia Organizada Transnacional.

Se distingue en la Convención, en el artículo segundo, entre el llamado grupo delictivo organizado (que encuentra equivalente en el artículo 570 bis del Código Penal español) y el grupo estructurado (cuyo homólogo reside en el artículo 570 ter del Código Penal).

Como ya estableció nuestro Tribunal Supremo, «*para la lucha contra la delincuencia organizada transnacional, caracterizada por su profesionalización, tecnificación e integración en estructuras legales ya sean económicas, sociales e insti-*

tucionales, para lo cual se diseña como figura específica la Organización criminal, del Art. 570 bis y para la pequeña criminalidad organizada de ámbito territorial más limitado y cuyo objetivo es la realización de actividades delictivas de menor entidad, para lo cual se diseña como figura específica el grupo criminal, del Art. 570 ter»[1].

La presente obra se centra en las organizaciones delictivas, por lo que se focalizará en el concepto de grupo delictivo organizado de la Convención, que lo define como la unión de «*tres o más personas que existe durante cierto tiempo y que actúe concertadamente con el propósito de cometer uno o más delitos graves o delitos tipificados en la norma, con miras a obtener directa o indirectamente un beneficio económico u otro de orden material*».

También se define de forma omnicomprensiva el producto de los delitos cometidos en el seno de los grupos organizados, siendo el conformado por «*los bienes de toda índole que sean derivados obtenidos directamente o indirectamente en el seno de la delincuencia organizada*», las medidas cautelares reales (embargos preventivos consistentes en prohibiciones temporales de transferencias, conversiones, enajenaciones o movimiento y custodia de bienes por orden de Tribunales o autoridades competentes), o los bienes que pueden ser objeto de afectación por las resoluciones judiciales en tanto que sean provenientes de actividad criminal (activos de cualquier clase, corporales o incorporales y los correspondientes documentos acreditativos de los mismos.

El artículo tercero de la Convención delimita el ámbito material de su aplicación:

– A los delitos de participación en un grupo delictivo y organizado, así como la organización o facilitación o incitación o ayuda en la comisión de un delito grave que esto es que lleve aparejada una pena de prisión superior a cuatro años según el artículo segundo de Palermo.

– A los delitos de receptación y blanqueo del producto de un delito cometido en un grupo delictivo y organizado de conformidad con el artículo sexto de la Convención, con equivalente en los artículos 301 a 304 del Código Penal.

---

1   STS Sala 2.ª núm. 644/2015 de 13 octubre.

- A los delitos de cohecho activo y pasivo, que encuentra en su equivalente en los artículos 419 y 420 del Código Penal español.

- A los delitos de obstrucción a la justicia con su equivalente en el artículo 464 de nuestro Código Penal.

- A los delitos graves definidos en el artículo segundo de la Convención como aquellos castigados con pena de prisión igual o superior a cuatro años cuando se han cometidos por un grupo delictivo organizado que tenga siempre que tenga carácter transnacional. Este se determina: i) bien por la comisión de los hechos en más de un Estado cuando la planificación, preparación o dirección se articula en otro estado; ii) cuando tenga sus efectos en otro estado o iii) cuando estemos ante un grupo organizado que realiza actividades punibles conforme a la presente Convención en más de un Estado.

En tanto que se trata de un texto consensuado por decenas de estados ante una organización internacional a la que no se ha cedido un ápice de soberanía nacional, serán los estados quienes deban cumplir con las medidas legislativas previstas en la Convención, sin que pueda darse un ejercicio extraterritorial de jurisdicción (salvo en los casos de los Estados miembros de la Unión Europea, que integran el espacio Schengen y que cuentan con mecanismos de cooperación judicial intracomunitaria como luego serán desarrollados).

En el artículo quinto se impone la obligación de los Estados Parte de sancionar como delito i) la «*societas sceleris*» de tres o más personas para cometer un delito grave en relación con la obtención directa o indirecta de un beneficio económico o material y, cuando lo exija el derecho interno, que ese acuerdo entrañe un acto ejecutivo o la participación de un grupo delictivo organizado; ii) o la participación activa en las actividades ilícitas del grupo, u otras actividades a sabiendas de que esta participación contribuirá al logro de la finalidad delictiva.

Conforme al apartado tercero del artículo quinto de Palermo, nuestro derecho penal colma la exigencia de que los delitos en él tipificados comprendan todos los delitos graves que entrañan la participación de grupos delictivos organizados. Si volvemos a la dicción literal del artículo 570 bis del Código Penal vemos que se castiga la organización criminal si la finalidad de la misma es la comisión de delitos graves, (entendiendo por tales el artículo 33.2 del Código Penal aquellos que se sancionan con pena de prisión superior a cinco años); y por otro lado se pena con un tiempo menor de prisión en los demás casos, entendiendo por tales cuando se trata de delitos menos graves (previstos en los artículos 13.2 y 33.3 CP, sancionados con pena de prisión de entre tres meses y cinco años) o de delitos leves (los sancionados con pena leve, *ex.* art. artícu os 13.3 y 33.4 CP). También se castiga la participación activa o cooperación, haciéndose el mismo distingo en cuanto a la diferencia penológica.

En suma, vemos que con respecto de la exigencia de la Convención de que se castiguen como parte del entramado criminal organizado delitos graves con más de cuatro años de prisión, ya se adelanta la represión penal en nuestro Derecho interno al castigar las organizaciones que tengan por objeto cometer delitos sancionados incluso con menor pena que la señalada en los artículos segundo y quinto de la norma internacional.

Con el fin de anular los bienes y el producto proveniente del crimen organizado, en los artículos sexto y séptimo se prevén medidas legislativas, ejecutivas y judiciales para la tipificación del blanqueo de capitales y para impedir con carácter preventivo que este sea posible.

En el primer supuesto, es obligación de todos los Estados Parte de sancionar la conversión o transferencia de bienes a sabiendas de que estos tienen su procedencia en una actividad delictiva, o con el propósito de encubrir o disimular su origen ilícito, o su auténtica naturaleza, ubicación, disposición movimiento o propiedad, y a sabiendas de que dichos bienes son producto del delito. Con el fin de que cada Estado Parte pueda poner en práctica estas previsiones deberán extenderse a la gama más amplia de delitos posibles.

En el caso del Derecho español la Ley Orgánica 5/2010, que introdujo los delitos de organización criminal y grupo criminal entre otros, tipifica el blanqueo de capitales en los artículos 301 a 304 del Código Penal. Este delito presupone una actividad ilícita previa, siendo su finalidad el retorno al circuito económico de la riqueza criminalmente obtenida, de ahí que la necesidad de acreditar el origen ilícito de los bienes y que el miembro del grupo delictivo organizado sepa que aquel se da y su voluntad encubrirlo sea necesaria. No obstante, nuestro Tribunal Supremo ha afirmado que no «*es precisa la condena previa del delito base del que proviene el capital objeto de blanqueo, aunque si el tribunal albergase alguna duda de que el origen del del dinero o del bien sea ilícito deba procederse a la absolución*[2]».

Si se tratase de bienes blanqueados en el contexto de una actividad delictiva con vocación de permanencia y con la que no están directamente vinculados (pensemos en un delito de tráfico de drogas, y el dinero ganado durante todos los actos de tráfico en su conjunto considerados), estamos ante un concurso real de delitos y se sancionará la organización criminal, el blanqueo de capitales y los correspondientes delitos en tal relación de concurso.

Si por contra, y siguiendo con el mismo ejemplo, «*existe identidad entre el producto del delito antecedente y la realización de actos de conversión y transmisión de esos bienes el blanqueo quedaría absorbido por el tráfico de drogas y la propia figura de la organización criminal puesto que en ese caso contrario nos situaríamos ante un non bis in ídem*[3]».

En ambos casos, como puede verse, cumplimos con el mandato del artículo sexto de Palermo.

No solamente basta, conforme a la Convención, con que se tipifique el blanqueo de capitales sin dejar flecos jurídicos, o con que se tipifiquen los actos de criminalidad organizada. Su artículo séptimo dispone que los Estados Parte deben establecer regímenes de Supervisión Bancaria y de instituciones financieras y no bancarias, así como la vigilancia y detección de flujos transfronterizos y de títulos negociables admitidos o no a cotización en mercados bursátiles. Nuestro ordenamiento cumple con creces al existir, entre otras, las siguientes disposiciones normativas:

- Ley Orgánica 9/2022, de 28 de julio, por la que se establecen normas que facilitan el uso de información financiera y de otro tipo para la prevención, detección, investigación o enjuiciamiento de infracciones penales, que transpone la Directiva 2019/1153, que forma parte de la agenda europea de seguridad ya adoptada en 2015 para la desarticulación de una delincuencia grave y organizada. Permite un acceso directo e inmediato a

---

2   STS Sala Segunda núm. 91/2014, de 7 de febrero.

3   STS Sala Segunda número 286/2015, 19 de marzo.

los registros centralizados de cuentas bancarias y de pagos, con los correspondientes datos identificativos de los titulares, representantes o cualquier persona con poder de disposición sobre esos fondos.

- Ley 10/2010, de 28 de abril, de prevención del blanqueo de capitales y financiación del terrorismo. Con la finalidad de desarrollar dicha norma se aprueba el Real Decreto 304/2014 de 5 de mayo en relación con la Ley de Prevención del Blanqueo de Capitales.

- Ley 19/2003, de 4 de Julio, sobre régimen jurídico de los movimientos de capitales y de las transacciones económicas con el exterior.

- Orden Ministerial ECC/2503/2014, de 29 de diciembre por la que se crea el fichero de datos de carácter personal, denominado fichero de titularidades financieras.

- Orden Ministerial EHHA/114/2008, de 29 de enero, reguladora de las obligaciones de los notarios en el ámbito de la prevención del blanqueo de capitales.

- Y como, no puede desconocerse la normativa de Derecho de la Unión Europea, hay que referenciar el Reglamento de ejecución de la Unión Europea 2021/776 de la Comisión Europea de 1´ de mayo por el que se establecen los modelos de determinados formularios así como las normas técnicas para el intercambio efectivo de información en virtud del reglamento correspondiente.

Como ha probado la Historia, reciente y no tan recientemente, el crimen organizado busca una infiltración en las instituciones públicas, buscando perturbar la legítima confianza que tienen los ciudadanos en el buen funcionamiento de la Administración y torcerla para su propio beneficio. Es por ello que está intrínsecamente relacionada a conductas corruptas.

Nuestra Real Academia de la lengua define el término corrupción, en una de sus múltiples acepciones, como «práctica consistente en, en las organizaciones y especialmente en las públicas, la utilización de las funciones y medios de aquellas en provecho económico o de otra índole de sus gestores». Como podemos deducir, cuando un grupo de corte mafioso busca introducir sus tentáculos en las distintas Administraciones pretende la apropiación de medios públicos y lograr sus fines.

Es por esta razón que el texto en su artículo 8 obliga a los Estados parte a tomar «*las medidas legislativas y de otra índole que sean necesarias para tipificar como delito*», necesariamente doloso, las conductas de cohecho activo y pasivo, propio e impropio. Veamos:

a) La promesa, el ofrecimiento o la concesión a un funcionario público, directa o indirectamente, de un beneficio indebido que redunde en su propio provecho o en el de otra persona o entidad, con el fin de que dicho funcionario actúe o se abstenga de actuar en el cumplimiento de sus funciones oficiales.

b) La solicitud o aceptación por un funcionario público, directa o indirectamente, de un beneficio indebido que redunde en su propio provecho o en el de otra persona o entidad, con el fin de que dicho funcionario actúe o se abstenga de actuar en el cumplimiento de sus funciones oficiales.

También el precepto obliga a los Estados parte a actuar penalmente contra el autor aun cuando sea un funcionario público o autoridad extranjera.

En España en este aspecto ya nos situábamos un paso por delante de Palermo. La Ley Orgánica 10/1995, de 23 de noviembre, en su redacción inicial sancionaba los delitos de cohecho activo en los entonces artículos 423 y 424, y los delitos de cohecho pasivo en los artículos 419, 420, 421, 425 y 426. El antiguo artículo 422 extendía la responsabilidad criminal de las autoridades y funcionarios públicos ex. art. 24 a otros ejercientes de funciones públicas (véase jurados, árbitros o peritos, entre otros). Sin embargo, en cuanto al artículo 8.2 de la Convención, no será hasta la reforma del Código Penal operada por Ley Orgánica 1/2019, de 20 de febrero, cuando se perseguirá a dichas autoridades o funcionarios públicos extranjeros, ya sean de la Unión Europea, de un Estado Miembro de la Unión, de Estados extracomunitarios o de organizaciones internacionales (vigente artículo 427).

Respecto al artículo 10 de Palermo, sobre la tipificación de la responsabilidad de personas jurídicas, queda cumplido el compromiso con las previsiones del artículo 570 quáter, apartados primero y segundo, al estipularse la disolución de la organización criminal y la pena de inhabilitación especial para el ejercicio de actividades económicas o negocios jurídicos vinculados a la organización. Más adelante veremos esto en profundidad.

La Convención en los artículos 12 y 13 prevé otro mecanismo para evitar el lucro de los grupos delictivos organizados, que no es otro que el decomiso y la cooperación internacional para ejecutarlo: es obligación de los Estados Parte la implementación de medidas legislativas que autoricen la requisa del producto de los delitos previstos en el convenio o de bienes cuyo valor corresponda a dicho producto, o de los bienes equipo u otros instrumentos utilizados o destinados a ser utilizados en la comisión de delitos vinculados a las organizaciones criminales estructuradas.

A tal fin, el producto del delito debe ser identificado, localizado y embargado con miras a su eventual decomiso. Como aspecto innovador, la convención prevé que incluso cuando el producto del delito se haya transformado, convertido parcialmente o mezclado en otros bienes o activos, las normas estatales en materia de decomiso serán aplicables y podrá procederse a su incautación. Por ofrecer una comparativa, la LO 15/2003 introduce el llamado «decomiso por sustitución» o «decomiso por el valor equivalente» (*ex*.art. 127.3 CP), y por la LO 5/2010 se establece el decomiso ampliado para los supuestos de terrorismo y de crimen organizado (*ex*.art. 127 bis CP).

3
LAS ORGANIZACIONES CRIMINALES EN LOS EE.UU.: LA LEY RICO

«Nosotros, señores, estamos a punto de soltar a los perros de la guerra. Guerra. Guerra contra los traficantes de droga, contra la mafia y contra la corrupción política».

Rudolph Giuliani
Fiscal del Distrito Sur de la ciudad de Nueva York

3.1. Antecedentes histórico-legislativos

En los años 70 del siglo pasado, en varias ciudades de los EE.UU. existía un patrón común: organizaciones mafiosas estructuradas que regían sectores de actividades económicas, legales e ilegales, escapándose a un mínimo control efectivo por parte de las autoridades judiciales y policiales estadounidenses. Desde el sector de la construcción, la hostelería, el juego, el narcotráfico y la prostitución, hasta pasar incluso por los sindicatos de trabajadores. Incluso se articularon fraudes masivos en los impuestos a los hidrocarburos, con los que se financiaron actividades mafiosas.

Y de este modo Los Luchese, los Gambino, Los Colombo, los Bonanno y los Genovese dirigían con puño de hierro los bajos fondos de la ciudad de Nueva York. El «Outfit» de Chicago, si bien no goza a día de hoy de la fuerza con la que contaba en los tiempos de Alphonse Capone y Johnnie Torrio, aún se le considera la organización más poderosa de la región del Medio-Oeste estadounidense. En Baltimore y Filadelfia se operaba y se opera aún bajo influencia de Cosa

Nostra. Dadas las dimensiones de tales entes, llegaron a conformar lo que se conoció como «La Comisión», un organismo que agrupaba a las tristemente afamadas «Familias», que no son sino las citadas organizaciones. Este organismo vino en sustituir a la figura del «*capo di tutti capi*», el jefe de todos los jefes. Al igual que las organizaciones mafiosas que dominaban el mezzogiorno italiano y la isla de Sicilia, el elemento común de las integrantes de la Comisión eran la intimidación, el silencio u *omertà*, y la estructura interna de poder. La estructura en la mafia de los EE.UU. no difería casi de las propias del continente europeo. Así, nos encontramos con un jefe *(boss o capo)*, subjefes de la Familia *(sottocapo)*, un jefe de grupo *(caporegime)*, un *consigliere* o asesor de la familia o los Soldati. En el capítulo «italiano» profundizaremos en las distintas funciones, dada su reproducción mimética.

Lo cierto es que no se conocía límite alguno. Tal era así que en numerosas ocasiones miembros de las fuerzas del orden se habían corrompido hasta el punto de intervenir, por orden de estas organizaciones, en actos delictivos. Los servicios de seguridad, locales y federales, y el Poder Judicial en aquel país no podían actuar con toda la eficacia requerida porque carecían de un instrumento jurídico que permitiera proceder contra La Comisión en su conjunto o contra todas aquellas familias u organismos mafiosos: sólo era posible el enjuiciamiento de individuos aisladamente considerados por los actos punibles que vinieran realizando. Es decir, no se podía acusar por la pertenencia a una actividad delictiva continuada, sino que se exigía la prueba de cada delito, aun cuando trajera causa de la «*societas sceleris*».

El 15 de octubre de 1970, durante la Administración Nixon, entra en vigor una modificación del Código Penal Federal de los EE.UU., en virtud de una reforma operada por Ley 91-452, de su Sección 901 (a), Título 18. El nuevo capítulo 96.° de aquella Sección se denominó «*Racketeer Influenced and Corrupt Organizations*», que añade las subsecciones 1961 y 1968 al cuerpo legal y que fue conocida por su acrónimo como Ley RICO. Su creador, el jurista George Robert Blakey, profesor en la facultad de Derecho de Notre Dame, ya formaba parte en la década de los años 60 de la Unidad Especial del Departamento de Justicia contra el Crimen Organizado, y pudo ver de primera mano la necesidad de que se dotara a la misma de medios jurídicos precisos. Ya en el año 1968 fue el autor del borrador del Título III de la Ley Omnibus para el Control del

Crimen y la Seguridad Ciudadana, respecto de la intervención de las comunicaciones.

Esta ley sería el instrumento clave que permitiría a los Fiscales del Distrito Sur de Nueva York (*U.S District Attorneys*, federales) llevar a juicio a la cúpula de la Comisión en los juicios que tuvieron lugar desde el 25 de febrero de 1985 al 19 de noviembre de 1986 y lograr la condena de los líderes de las 5 grandes familias y de sus principales subordinados. Como dato histórico y curioso, quien seleccionó al equipo de fiscales que intervinieron en el proceso fue Rudolph Giuliani, quien sería más tarde alcalde de Nueva York desde 1994 a 2001.

Debemos tener presente que, al igual que el Congreso federal, los Estados federados cuentan con cuerpos legislativos capaces de aprobar sus propias normas frente al crimen organizado, pero a efectos de esta exposición nos centraremos en la federal.

El Congreso estadounidense apreció que el crimen organizado, y en particular la Cosa Nostra, se habían infiltrado y ejercido influencia criminal sobre una multitud incontable de negocios legítimos y sindicatos laborales a lo largo y ancho de su territorio nacional. Quiero hacer notar el énfasis la dureza con la que el legislador estadounidense describe la situación con esta breve transcripción de la exposición de motivos de esta ley:

«El Congreso considera que el crimen organizado en los EE.UU. es una actividad diversificada, sofisticada, que cada año detrae de la economía americana mediante conductas ilícitas que entrañan violencia, fraude y corrupción. El crimen organizado obtiene una mayor parte de su poder de semejantes actos, sin olvidar el juego y las apuestas ilegales, el tráfico de drogas, el robo, y otras formas de explotación social. Estos fondos, y este poder, son utilizados para corromper a legítimos empresarios, sindicatos, funcionarios públicos, e incluso para subvertir nuestros procesos democráticos. Las actividades mafiosas en los EE.UU. debilitan la estabilidad económica de la nación, perjudican a inversores y ciudadanos inocentes, así como la competencia empresarial[4]».

---

4   "The (Congress finds that (1) organized crime in the United States is a highly sophisticated, diversified, and widespread activity that annually drains billions of dollars from America's economy by unlawful conduct

Como afirmó Robert Blakey, la Ley no solamente estaba dirigida al fenómeno mafioso italiano, ruso incipiente en los años 80 en los EE.UU., sino que pretendía su afectación también a delincuencia económica organizada *(White collar crimes)*.

La Ley RICO ha sido objeto de diversas enmiendas, reforzando el control y el poder de las autoridades y funcionarios policiales y judiciales federales estadounidenses. Así, tenemos la Ley Patriota de 26 de octubre de 2001, que añadió numerosas infracciones en la subsección 1961 (donde se describen las conductas típicas, el ámbito material de la norma). Tras los ataques del 11 de septiembre de 2001 en suelo estadounidense, se incluyen los siguientes hechos punibles:

1. Destrucción de aviación o de instalaciones aéreas americanas.

2. Violencia, en sus respectivas formas, en instalaciones aeroportuarias.

3. Daños dentro de la zona especial marítima y territorial.

4. Tenencia y utilización de armas químicas y biológicas.

5. Daños y atentado con explosivos en instalaciones gubernamentales.

6. Asesinato consumado o en grado de tentativa en instalaciones federales.

7. Conspiración para el secuestro o asesinato en el extranjero de ciudadanos estadounidenses.

8. Infracciones relativas a la criminalidad informática.

---

and the illegal use of force, fraud, and corruption; (2) organized crime derives a major portion of its power through money 84 STAT.] PUBLIC LAW 91-452-OCT. 15, 1970 923 obtained from such illegal endeavors as syndicated gambling, loan sharking, the theft and fencing of property, the importation and distribution of narcotics and other dangerous drugs, and other forms of social exploitation; (3) this money and power are increasingly used to infiltrate and corrupt legitimate business and labor unions and to subvert and corrupt our democratic processes; (4) organized crime activities in the United States weaken the stability of the Nation's economic system, harm innocent investors and competing organizations, interfere with free competition."

9. Asesinato consumado o en grado de tentativa de funcionarios y empleados de los EE.UU.

10. Asesinato del personal al servicio de la Presidencia de los EE.UU.

11. Homicidio y violencia contra ciudadanos estadounidenses fuera del territorio nacional.

12. Ocultación de individuos sospechosos de actos de terrorismo.

13. Sabotajes de instalaciones ferroviarias, de combustibles y portuarias.

Otro aspecto relevante de la enmienda es que no se modificó la prohibición de la extraterritorialidad de la Ley RICO, siendo misión de los fiscales especiales contra el crimen organizado de examinar la cuestión para cada delito y determinar la competencia de los Tribunales Federales.

Posteriormente, la Ley de Reautorización y Mejora de la Ley Patriota de 2005 vino en añadir, nuevamente modificando la subsección 1961 de la Ley RICO, como conductas punibles vinculadas a organizaciones criminales las siguientes:

1. Entrenamiento paramilitar recibido por una organización terrorista extranjera (aplicable desde el 9 de marzo de 2006).

2. Tráfico y financiación de narco-terrorismo (aplicable desde el 9 de marzo de 2006).

3. Transferencias ilegales de fondos.

Del mismo modo, poner en valor la Ley de 2003, de Reautorización del Estatuto de Protección de las Víctimas de Trata, del 2000, que modificó también la ley RICO e introdujo como delito vinculado al crimen organizado el tráfico de personas con fines de servidumbre (voluntaria e involuntaria), esclavitud, de trabajos forzados, explotación sexual de niños mediante violencia, intimidación o engaño. La Ley de 2013 de Reautorización, en el mismo sentido y sobre la misma materia, enmendó a su vez la Ley RICO e incluyó como delito dentro de la delincuencia organizada el fraude laboral con fines de explotación.

3.2. Estructura de la Ley RICO: definición, competencia y tipificación federal del crimen organizado en los EE.UU.

La Ley RICO goza de una redacción muy precisa, teniendo en cuenta la magnitud de lo que trataba de abarcar:

a) Efectúa una serie de definiciones de conceptos presentes a lo largo de la misma (como se viene haciendo en el caso de las normas europeas u otras de Derecho Internacional Público).

b) Establece la aplicabilidad espacial de la Ley, así como la delimitación de la competencia judicial para conocer de la investigación y enjuiciamiento de estos delitos.

c) A continuación, tipifica los actos de crimen organizado en sus distintas vertientes: delitos previstos ex novo en la norma y remisión a otras secciones del Código Penal Federal cuando sean cometidos en el marco de una actividad criminal prolongada.

d) Dispone, por una parte, las penas que corresponden a los delitos cometidos en el seno de organizaciones criminales; por otra, las acciones de decomiso y la posibilidad de adopción de medidas cautelares reales y personales y el ejercicio de acciones civiles.

Esta es la estructura de la ley inicialmente aprobada, siendo estas las subsecciones:

- I. S.S. 1961. Definiciones
- II. S.S. 1962. Actividades mafiosas ilegales
- III. S.S. 1963. Sanciones Penales
- IV. S.S. 1964. Acciones Civiles
- V. S.S. 1965. Procedimiento, Competencia y Jurisdicción.
- VI. S.S. 1966. Ejercicio de acciones
- VII. S.S. 1967. Prueba.
- VIII. S.S. 1968. Demandas de investigación civil.

Sobre la interpretación y aplicación de las disposiciones penales y civiles de la Ley RICO, encontramos el Manual del Departamento de Justicia de los EE.UU., de fecha de mayo de 2016. Este texto tiene como finalidad asistir a los fiscales federales en la preparación y llevanza de las causas criminales dentro del ámbito de aplicación de la ley. Se impone el visado por parte de la Unidad Especial contra el Crimen Organizado y Grupos Mafiosos de todas las acciones, declaraciones, imputaciones, informaciones, alegatos de culpabilidad y desestimación o reducción de cargos descritos en la Ley RICO, civiles y penales, antes de ser objeto de judicialización. También deberán serlo todas las acciones sobre decomiso o medidas cautelares personales, antes de su tramitación ante los tribunales federales.

Del mismo modo que las Circulares de nuestra Fiscalía General del Estado son de obligado cumplimiento (en virtud de los principios de jerarquía y de unidad de actuación, previstos en los artículos 22 y 24 del Estatuto Orgánico del Ministerio Fiscal), el Manual deberá ser observado en sus estrictas disposiciones por las autoridades que se desempeñen como integrantes de la Unidad Especial. No obstante, es de notar que el texto no crea derechos, ni sustantivos ni procesales, ni existen limitaciones a las prerrogativas del Departamento de Justicia.

La legislación RICO se complementa con las disposiciones del Código Penal Federal de los Estados Unidos de América, Título Decimoctavo, Parte Segunda, Capítulo 224, artículo 3521, en cuanto a las garantías de aquellos que testifiquen contra el crimen organizado. Así, estas disposiciones permiten a la Oficina del Fiscal General de los Estados Unidos y a sus distintos integrantes la posibilidad de conferir el estatus de testigo protegido, incluso a autores de delitos vinculados a la delincuencia mafiosa, pudiendo beneficiarse de las siguientes prebendas:

– Proveer con alojamiento a los testigos protegidos (no sólo con los medios económicos a tal fin), así como el transporte del mobiliario y efectos personales de los mismos.

– Asistencia al testigo para la obtención de empleo a través de las oficinas federales de empleo.

– Proporcionar servicios, materiales y suministros así como la renovación y/o construcción de habitaciones o refugios seguros dentro de las viviendas habilitadas para los testigos protegidos.

– Proveer de una manutención mínima para subsistir a la persona que, como consecuencia de su consideración como testigo protegido, no pueda desarrollar una actividad laboral.

- Establece la imposición de sanciones pecuniarias o, en su caso, penas de prisión para quien quebrante la orden de protección en cualquiera de sus contenidos.

Entramos en la Ley RICO. Con respecto a las definiciones, debemos comenzar en primer lugar con las llamadas «*racketeering activities*» (qué entiende el texto por actividades mafiosas/organizadas): la norma engloba dentro de esta consideración todos aquellos actos penalmente relevantes que supongan, entre otros, el asesinato *(murder)*, secuestro *(kidnapping)*, juego ilegal *(illegal gambling)*, daños *(arson)*, robo *(robbery)*, soborno *(bribery)*, tráfico de drogas *(distribution of narcotics)*, falsificación de moneda, bienes y documentos *(counterfeiting)*, apropiación de fondos y fraudes a la Seguridad Social *(embezzlement and fraud to Social Security)*, fraude postal y telefónico *(mail and wire fraud)*, obstrucción a investigaciones penales *(obstruction to pervert the course of Justice)*, insolvencias punibles y fraudes bancarios *(insolvency/bankruptcy fraud)*, receptación interestatal de bienes sustraídos *(interstate transportation of stolen property)*, trata de seres humanos *(white slave traffic)*, prohibición de juego ilegal *(prohibition of illegal gambling businesses)* o malversación de fondos sindicales *(embezzlement from union funds)*, entre otros, siempre que estén castigados con una pena de prisión superior a un año. Debe resaltarse que estos actos se castigan con las penas previstas en el Código estadounidense, en sus respectivas secciones, sin perjuicio de los actos que se prevén específicamente en la Ley[5].

---

5   "Racketeering activity' means (A) any act or threat involving murder, kidnaping, gambling, arson, robbery, bribery, extortion, or dealing in narcotic or other dangerous drugs, which is chargeable under State law and punishable by imprisonment for more than one year; (B) any act which is indictable unxier any of the following provisions of title 18, United States Code: Section 201 (relating to bribery), section 224 (relating to sports bribery), e stat. 1119. sections 471, 472, and 473, relating to counterfeiting), section 659 H 705. (relating to theft from interstate shipment) if the act indictable so stat. 904. under section 659 is felonious, section 664 (relating to embezzlement from pension and welfare funds), sections 891-894 (relating to extortionate credit transactions) j section 1084 (relating to the transmission of gambling information), section 1341 (relating to stat. 753. mail fraud), section 1343 (relating to wire fraud), section 1503 VI 523. (relating to

La norma resulta predicable tanto respecto de personas físicas como de personas jurídicas que sean legalmente aptas para la tenencia de patrimonio e intereses en bienes inmuebles y muebles, establecimientos o empresas mercantiles. Respecto de estos últimos, las denominadas «*Shell companies*» (empresas o negocios fantasma) la ley RICO prevé la posibilidad de su intervención y disolución registral, con independencia de su carácter unipersonal o colectivo aparente.

En relación a lo que denomina el texto normativo «*enterprises*» (las empresas, el negociado delictivo, la organización criminal), abarca las asociaciones, grupos de empresarios individual o colectivamente considerados, las uniones, sociedades colectivas, corporaciones, etc.

Se prevé la creación del **Fiscal Federal Anticorrupción y Contra el Crimen Organizado**, que será designado por el Fiscal General de los EE.UU. *(U.S Attorney General)* o por cualquier alto funcionario del Departamento de Justicia a quien les sea conferido tal poder por el Fiscal General. Así, las disposiciones de la normativa anticorrupción estadounidense faculta al Fiscal General Adjunto (*Deputy Attorney General*, equivalente al Teniente Fiscal de nuestro Tribunal Supremo), al Asistente del Fiscal General *(Assistant Attorney General of the United States)* o a otra autoridad que así se establezca.

Las funciones de este Fiscal Especial son claras: asumir la dirección de la investigación de los delitos cometidos en

---

obstruction of justice), section 1510 (relating to obstruction of criminal investigations), section 1511 (relating to p. 936, the obstruction of State or local law enforcement), section 1951. (relating to interference with commerce, robbery, or extortion), section 1952 (relating to racketeering), section 1953 (relating to interstate transportation of wagering paraphernalia), section 1954 (relating to unlawful welfare fund payments), section 1955 (relating to the prohibition of illegal gambling businesses), sections 2314 and 2315 (relating to interstate transportation of stolen property), sections 2421-24 (relating to white slave traffic), (C) any act which is indictable under title 29, United States Code, section 186 (dealing with restrictions on payments and loans to labor organizations) or section 501(c) (relating to embezzlement from union funds), or (D) any offense involving bankruptcy fraud, fraud in the sale of securities, or the felonious manufacture, importation, receiving, concealment, buying, selling, or otherwise dealing in narcotic or other dangerous drugs, punishable under any law of the United States."

tales ámbitos, la detención policial de los presuntos autores de los mismos, ordenar el embargo de bienes que sean producto del delito cuando exista sentencia condenatoria dictada por un Tribunal Federal y así se lo autorice, instar las medidas cautelares reales y personales *(injunctions and restraining orders)* y las acciones civiles dentro del paraguas RICO.

La competencia de los Tribunales Federales es clara. Se opta por las *United States District Courts* en sus distintos circuitos/instancias frente a los *District Courts* estatales. Serán los primeros los que tengan la potestad de acordar las medidas cautelares y quienes autoricen al Fiscal Especial para el decomiso. Se reserva la posibilidad de que los Tribunales estatales conozcan de acciones civiles ejercitadas al margen del procedimiento penal.

El ámbito espacial del texto es taxativo: recaerá su cumplimiento en la totalidad continental de los EE.UU, en el Estado Libre Asociado de Puerto Rico y en cualesquiera otras posesiones que se encuentren bajo la jurisdicción estadounidense.

Planteando la posibilidad de que la Ley RICO tenga una aplicabilidad más allá de las fronteras estadounidenses, el *SCOTUS* ha denegado tajantemente esta posibilidad cuando se trata de acciones civiles. Aun cuando surgieran perjuicios derivados de la comisión de un hecho constitutivo de delito, conforme a tal norma, fuera del ámbito territorial de su aplicación e incluso tratándose de una persona jurídica *(Enterprise/Company)* con residencia en los EE.UU, no están facultados los Tribunales Federales de instancia a admitir acciones civiles tendentes a la recuperación de activos, sean estas acciones ejercitadas por el Departamento de Justicia o por entes extranjeros. Es cierto que se admite la extraterritorialidad de la norma en el caso de las infracciones penales previstas en las normas a) hasta c), pero sujeto a ciertos condicionantes como por ejemplo la comisión de un delito perseguible en el extranjero[6].

---

6   SCOTUS RJR Nabisco, Inc. v. European Cmty., 579 U.S (2016): "We therefore conclude that RICO applies to some foreign racketeering activity. A violation of §1962 may be based on a pattern of racketeering that includes predicate offenses committed abroad, provided that each of those offenses violates a predicate statute that is itself extraterritorial. This fact is determinative as to §1962(b) and §1962(c), both of which prohibit the employment of a pattern of racketeering. Although they

Se trata de un supuesto en el que la Comisión Europea y 26 Estados Miembros iniciaron un procedimiento civil en los EE.UU, alegando que RJR Nabisco como compañía tabacalera había participado en un esquema global de lavado de dinero en conjunción con grupos vinculados al crimen organizado, en virtud del cual traficantes de drogas introducían en Europa las sustancias que vendían en euros que, a través de agentes del mercado negro, se utilizaron para la adquisición de cargamentos de cigarrillos de aquella compañía.

En esta cuestión, se opta por una interpretación cuasi originalista, (término acuñado entre otros por el fallecido *Hon. Supreme Court Judge Antonin Scalia*), para afirmar que si la intención del Congreso como legislador hubiese sido la aplicación extraterritorial de la Ley RICO en todos sus aspectos, civiles y penales, así se habría plasmado.

Se tipifican en la subsección 1962 como conductas expresamente punibles las siguientes, en relación con los delitos previstos en la subsección 1961:

a) La utilización o inversión, directa o indirectamente, en todo o en parte, de los ingresos percibidos por una persona y que se deriven de un patrón de conducta mafiosa/organizada con cierta permanencia en el tiempo o mediante deudas ilegales, para la adquisición de una participación o el establecimiento de acti-

---

differ as to the end for which the pattern is employed—to acquire or maintain control of an enterprise under subsection (b), or to conduct an enterprise's affairs under subsection (c)—this difference is immaterial for extraterritoriality purposes.

However, nothing in §1964(c) provides a clear indication that Congress intended to create a private right of action for injuries suffered outside of the United States. The statute provides a cause of action to '[a]ny person injured in his business or property' by a violation of §1962. §1964(c). The word 'any' ordinarily connotes breadth, but it is insufficient to displace the presumption against extraterritoriality. See Kiobel, 569 U. S., at ___ (slip op., at 7). The statute's reference to injury to 'business or property' also does not indicate extraterritorial application. If anything, by cabining RICO's private cause of action to particular kinds of injury—excluding, for example, personal injuries— Congress signaled that the civil remedy is not coextensive with §1962's substantive prohibitions. The rest of §1964(c) places a limit on RICO plaintiffs' ability to rely on securities fraud to make out a claim. This too suggests that §1964(c) is narrower in its application than §1962, and in any event does not support extraterritoriality."

vidades mercantiles de carácter interestatal o extranjero/internacional[7].

b) La adquisición o mantenimiento, directa o indirectamente, del control societario de empresas vinculadas al comercio nacional o extranjero cuando dicho control tenga su origen en un patrón criminal organizado o en deudas ilegales (predicable tanto de los administradores, propietarios o empleados)[8].

c) La ejecución o participación, directa o indirectamente, por quienes estén empleados o estén asociados con entidades o empresas dedicadas al comercio interestatal o internacional en actividades mediante/a través de un patrón criminal definido, o mediante la recepción de deudas ilegales[9].

d) La conspiración para la comisión de cualesquiera de las anteriores conductas[10].

Debe distinguirse a la hora de ejercitar una acción penal RICO, cuando se trata de la actuación de funcionarios públicos, los supuestos que son susceptibles de ser incardinados como delito RICO de las actuaciones que si bien pueden revelar deshonestidad, negligencia, imprudencia o incluso abuso

---

7   "It shall be unlawful for any person who has received any income derived, directly or indirectly, from a pattern of racketeering activity or through collection of an unlawful debt in which such person has participated as a principal within the meaning of section 2, title 18, United States Code, to use or invest, directly or indirectly, any part of such income, or the proceeds of such income, in acquisition of any interest in, or the establishment or operation of, any enterprise which is engaged in, or the activities of which affect, interstate or foreign commerce."

8   "It shall be unlawful for any person through a pattern of racketeering activity or through collection of an unlawful debt to acquire or maintain, directly or indirectly, any interest in or control of any enterprise which is engaged in, or the activities of which affect, interstate or foreign commerce."

9   "It shall be unlawful for any person employed by or associated with any enterprise engaged in, or the activities of which affect, interstate or foreign commerce, to conduct or participate, directly or indirectly, in the conduct of such enterprise's affairs through a pattern of racketeering activity or collection of unlawful debt."

10 "It shall be unlawful for any person to conspire to violate any of tne provisions of subsections (a), (b), or (c) of this section."

de poder no son constitutivas de delito. Tal es el caso de la sentencia del SCOTUS en el caso *Kelly v. The United States*, donde se anuló una condena al considerar que la modificación de la distribución de las líneas de peaje automovilístico al distrito de Manhattan por el Puente George Washington, si bien era una actividad administrativa susceptible de la causación de un perjuicio a los administrados, sólo podría ser considerada como un delito RICO si su finalidad hubiese sido apropiarse de los fondos de otras administraciones públicas, suceso que no ocurrió.

Respecto de las dos primeras conductas (Letras a y b), debe probarse más allá de toda duda la existencia de una empresa o negocio que realice o que sus actividades estén afectadas en el comercio estatal o internacional. Además, el acusado debe haber adquirido o mantenido, directa o indirectamente, una participación o control, de aquélla, y que se haya obtenido a través de actividades mafiosas o vinculadas al juego ilegal[11]. Se consideran también supuestos subsumibles los casos de condenados que por vía de fraude o con intimidación se hicieron con participaciones en negocios y empresas de ejercicio profesional continuado[12].

---

11   United States v. Lyons, 740 F. 3d, 702 (1st Circuit 2014): "Like other agents Lyons also aided and abetted the receipt of bets by SOS by functioning as an agent. Witnesses described Lyons as the agent who provided them with the information they needed to place bets with SOS, collected losses from them, and distributed winnings. He also specifically directed at least one bettor to make payments to SOS by wire transfer to settle up bets placed with SOS. Perhaps the best evidence that Lyons intended to ensure SOS's success by these actions, besides the actions themselves, is that he received a commission of 50 percent of the losses of the bettors he personally managed. Lyons was a critical part of SOS's operation and thereby demonstrated a clear intent to further SOS's business of receiving illegal inter-jurisdictional sports bets by phone and over the internet."

12   United States v. Biasucci 786 F. 2nd, 504, 506 and 507 (2nd Circuit 1986): "In the instant case, sections 1962(c) and 1962(b) are sufficiently distinguishable to permit the imposition of cumulative punishment. Section 1962(c) requires the government to prove that a defendant 'conduct[ed] or participate[d], directly or indirectly, in the conduct of [an] enterprise's affairs through a pattern of racketeering activity or collection of unlawful debt.' Significantly, section 1962(c) does not require proof that a defendant acquired or maintained any interest in a victim's business. By contrast, section 1962(b) requires the government to demonstrate that a defendant 'through a pattern

Como señalan los Tribunales federales, para que exista un nexo entre la acción o las acciones mafiosas, los actos realizados para adquirir un control o participación no tienen que afectar a las actividades u operaciones diarias de la empresa, siempre que se trate de actos identificativos o característicos y no tengan un carácter aislado[13].

Esta conducta no puede perseguirse por el hecho de emplear el asesinato, la extorsión, o la intimidación de los integrantes de la entidad u organización, pues tendría su encaje en la sección 1962 c). Este tipo delictivo debe limitarse a una infiltración «pacífica» de la empresa.

En el supuesto previsto en la letra c) de la subsección 1962, el castigo de la dirección o participación, directa o indirecta, en una empresa a través de una actividad delincuencial organizada o por recepción de deudas ilícitas por empleados o asociados a tal entidad exige la acreditación de los siguientes elementos, más allá de toda duda razonable:

a) La existencia de una empresa que esté actuando, o que sus actividades estén ligadas al comercio interestatal o internacional.

b) Que el acusado estuviera empleado o asociado con la empresa, y que haya participado o ejecutado directa o indirectamente en las decisiones o asuntos de la entidad.

---

of racketeering activity or through collection of an unlawful debt ... acquire[d] or maintain[ed], directly or indirectly, any interest in or control of any enterprise.' The distinction is clear — section 1962(b) proscribes the acquisition or maintenance of a victim's enterprise, while 1962(c) prohibits the conduct of the criminal enterprise."

13   United States v. Godwin 765 F. 3rd, 1306 (11th Circuit 2014): "The fifth element, a 'pattern of racketeering activity,' requires proof that the defendant committed at least two predicate racketeering acts that are related both to the enterprise and to each other." Browne, 505 F.3d at 1257. To be related to the enterprise, the predicate acts need not "affect the everyday operations of the enterprise" or even benefit the enterprise. Starrett, 55 F.3d at 1542–43 & n. 10; see also United States v. Welch, 656 F.2d 1039, 1062 (5th Cir. Unit A 1981) (rejecting a requirement that the predicate acts actually benefit the enterprise); United States v. Grubb, 11 F.3d 426, 439 (4th Cir.1993) (same). And predicate acts are related to each other if they "have the same or similar purposes, results, participants, victims, or methods of commission, or otherwise are interrelated by distinguishing characteristics and are not isolated events." Starrett, 55 F.3d at 1543.

c) Que esa actuación del empleado o del asociado se haya efectuado en virtud de un patrón de crimen organizado o de recepción de deudas ilícitas.

Sobre el requisito de que el autor del hecho esté empleado o asociado, basta según jurisprudencia consolidada que esté o haya estado en la nómina de la empresa, que haya tenido participación en el capital social de la misma, que haya ostentado algún cargo o exista una vinculación personal o mercantil con aquélla[14].

En cuanto a la determinación del control o participación en los asuntos o intereses existe lo que el SCOTUS denomina el «*Test Reves*»: a menos que el acusado participe de forma activa en las operaciones de gestión o administración de una empresa propiamente dicha, no podrá resultar de aplicación este precepto de la Ley RICO. Así, el Tribunal ha afirmado que:

«Una vez que comprendamos que el término "dirección" implica un cierto grado de control, y que el término "participar" conlleva que se tome un cierto grado de interacción ante facultades directivas, el significado de la conducta de la sección 1962 c) se torna más claro. Para poder participar, directa o indirectamente en asuntos empresariales, se ha de tener necesariamente algún papel en la dirección de éstos[15]».

---

14   United States v. Gabrielle, 63 F. 3rd 61, 68 (1st Circuit 1995): "The government introduced ample evidence-unchallenged on appeal-that Gabriele, unlike the accounting firm in Reves, was not an independent 'outsider' but a full-fledged 'employee' of the Saccoccia enterprise, as evidenced by Saccoccia's anticipated 'purchase' of RTI from Gabriele and his instructions to underlings to leave cash for Gabriele. Even employees not engaged in directing the operations of the RICO enterprise are criminally liable if they are 'plainly integral to carrying [it] out.' See id.   The district court gave precisely this instruction. See Reves, 507 U.S. at ----, 113 S.Ct. at 1173."

15   SCOTUS Reves vs. Ernst & Young (91-886), 507 US, 170 (1993): "Once we understand the word 'conduct' to require some degree of direction and the word 'participate' to require some part in that direction, the meaning of § 1962(c) comes into focus. In order to 'participate, directly or indirectly, in the conduct of such enterprise's affairs,' one must have some part in directing those affairs. Of course, the word 'participate' makes clear that RICO liability is not limited to those with primary responsibility for the enterprise's affairs, just as

Incluso se admite la existencia de una conducta delictiva organizada cuando una persona asociada con una empresa, autora aquélla del delito RICO, lleva a cabo la conducta típica impidiendo o subvirtiendo los fines legítimos de dicha empresa. Lo que el SCOTUS aún no ha fijado, a pesar del Test Reves, es cuál debe ser el grado de intervención o de afectación a la empresa, aunque sí ha dejado bien claro que no ha adoptado ni adoptará una interpretación restrictiva de las disposiciones RICO solamente aplicándolas a aquellas personas que hayan ejercido funciones significativas o de alta dirección. También considera que el hecho de que puedan existir disputas dentro de la organización o estructura no excluye el fin de la propia «*enterprise*»:

> «El Estatuto RICO define el término estructura a fin de incluir cualquier individuo, consorcio, asociación, corporación, o cualquier otro ente legal, unión o grupo de individuos asociados, aunque no sean una persona jurídica. La existencia de controversias internas no suponen el fin de la estructura, particularmente si el objetivo y la razón por la que se disputa es por su control[16]».

Este parecer de la más alta instancia judicial de los Estados Unidos es compartido por los Tribunales Federales en los casos en los que existan evidencias plausibles de que miembros ajenos a los consejos de administración, a la alta dirección o a los socios titulares de la empresa, pero que bajo sus órdenes o influencia, implementen decisiones o ejecuten actos propios de la delincuencia organizada que permitan o no los fines empresariales. A título ejemplificativo, pueden

---

the phrase 'directly or indirectly' makes clear that RICO liability is not limited to those with a formal position in the enterprise, but some part in directing the enterprise's affairs is required. The 'operation or management' test expresses this requirement in a formulation that is easy to apply."

16   United States v. Orena 32 F. 3rd, 704 and 710 (2nd Circuit 1994): The RICO statute defines the term "enterprise" to include: "any individual, partnership, corporation, association, or other legal entity, and any union or group of individuals associated in fact although not a legal entity." 18 U.S.C. § 1961(4). The existence of an internal dispute does not signal the end of an enterprise, particularly if the objective of, and reason for, the dispute is control of the enterprise.

citarse las siguientes resoluciones: United States vs. Lawson 535 F. 3d 434 (6th Circuit 2008), United States vs.Shryock 392 F. 3rd 948, 986 (9th Circuit 2003), United States vs Warneke 310 F. 3d 542, 548-49 (7th Circuit 2002) o United States vs. Paarise 159 F. 3rd 790, 796 (3rd Circuit 1998).

Para que en puridad pueda hablarse de actividades mafiosas, se establece con carácter taxativo la necesaria concurrencia de dos requisitos, uno cuantitativo y otro temporal. Así, se precisa la existencia de al menos dos actos de crimen organizado: el primero de ellos acontecido cuando la norma ya se encuentre en vigor, y otro/s dentro del plazo de diez años desde la comisión del acto anterior. Póngase un ejemplo: si se ha cometido la primera actividad en el contexto de una organización criminal en el año 1992, y otra hasta el año 2002, las disposiciones de la Ley RICO aplicarán plenamente. De otro lado, se exige que exista un *PORA (Pattern of Racketeering Activity, o Patrón de continuidad delictiva organizada)*.

Fruto de una construcción casuística (recordar la gran influencia que han tenido y tienen las sentencias del *SCOTUS*, Tribunal Supremo de los Estados Unidos), se ha definido el término de patrón continuado. el Alto Tribunal determinó que se trata de un acuerdo o un orden de actividades criminales prolongadas, ya sea a nivel individual o colectivo, pues el Congreso al aprobar la Ley RICO pretendía que la Fiscalía, para demostrar un hecho de crimen organizado, debe probar precisamente una continuidad y relación de algún tipo[17]. No es tampoco necesario que los actos criminales tengan una identidad o similitud total en su naturaleza, o que estén directa, absoluta y permanentemente interrelacionados.

Este nexo puede ser establecido de múltiples formas. Por ejemplo, que el acusado haya cometido el hecho prevaliéndose de su pertenencia a la entidad de modo que se haya facilitado la comisión de actividades mafiosas o que éstas hayan sido ejecutadas en nombre o por cuenta de la

---

17   SCOTUS H.J,Inc v. Northwestern Bell Tell Co. 492 U.S. 229 (June 26th1989): "The text of RICO fails to identify the forms of relationship or external principles to be used to determine whether predicates fall into a pattern. RICO's legislative history, however, establishes that Congress intended that to prove a 'pattern of racketeering activity,' a plaintiff or prosecutor must show both 'relationship' and 'continuity' — that the racketeering predicates are related, and that they either constitute or threaten long-term criminal activity. Pp. 492 U. S. 237-239."

empresa, o que hayan facilitado la consecución de sus objetivos empresariales.

Esto último particularmente pudo ser apreciado por la jurisprudencia estadounidense: la utilización de los teléfonos de un club nocturno y la ayuda de los empleados del mismo constituyen nexo suficiente entre la actuación concertada y la estructura donde se asienta[18]; o la utilización de granjas, sus empleados y/u oficinas para la realización de actividades de tráfico ilegal de sustancias estupefacientes, tóxicas o psicotrópicas[19].

Se requiere, en todo caso, que concurra alguno de los siguientes requisitos:

1. Que las actuaciones mafiosas hayan favorecido o extendido los fines de la empresa criminal.

2. Que el papel del acusado haya posibilitado la comisión de tales actos de crimen organizado.

3. Que los actos se hayan cometido en nombre o en beneficio del entramado criminal.

4. Que las conductas tengan los mismos o similares propósitos, víctimas, partícipes o medios comisivos.

---

18   United States v. Webster 669 F. 2nd 185 (4th Circuit 1982): "Evidence introduced at the trial tended to show that, by means of the telephone company's call-forwarding service, telephone calls to Webster's and Thompson's home telephone (which was tapped by court order) were frequently forwarded to the telephone at the 1508 Club; that Club facilities and personnel were used to accept and relay narcotics related messages; and that, on at least one occasion, a Club employee was asked by Webster to provide Club-owned drinks to one of Webster's narcotics customers who was waiting for drugs to be brought so that a transaction could take place."

19   United States v. Carter 721, F. 2nd 1514, 1527 (11th Circuit 1982): "In this case, the government elected to cast the enterprise for RICO purposes in the form of the legitimate business, Morris Dairy Farms, Inc., wholly owned by Lemuel and Thomas Morris. The government's proof of connections between the racketeering activity, drug smuggling and bribery, and the dairy farm was that: (1) a pasture located on the dairy farm was the site on which an airstrip was constructed and utilized for bringing in shipments of drugs; (2) the dairy farm office was used for communication between conspirators concerning protection of the drug smuggling activities from law enforcement authorities; (3) workers of the dairy farm participated in the drug smuggling and protection activities."

La jerarquía, a diferencia de lo que sucede en el delito de organización criminal del artículo 570 bis del Código Penal español (que posteriormente será objeto de análisis) no es un elemento que exija el SCOTUS. Así, estableció que «*no es necesario que la empresa tenga una forma o estructura particular, puede ser formal o informal, pero ha de ser tal que permita afirmar que sus miembros operaron de manera coordinada para alcanzar el propósito o propósitos comunes de aquélla[20]*».

El nexo principal que se viene exigiendo en todas las conductas previstas en las subsecciones 1962 a-c) es que se cometan mediante o a través de un patrón de conducta criminal organizada.

En cuanto al concepto de deuda ilegal, El Estatuto RICO la define como aquella en la que se incurre o se contrae con vulneración de una ley estatal o federal, no siendo exigible conforme a tales previsiones normativas; o aquella vinculada a negocios de apuestas que también vulneren leyes estatales o federales, o los préstamos a interés usurario cuando este sea ostensiblemente superior al que esté fijado por tales leyes.

La prohibición de los pagos en concepto de deuda ilegal está unida a los esfuerzos para luchar contra la financiación del crimen organizado. A diferencia de otros actos RICO, donde se exige el patrón de conducta (al menos, dos actos de delincuencia estructurada), basta que se trate de un único acto de recepción de pago de deuda ilícita para activar las cláusulas RICO[21].

---

20   SCOTUS Boyle v. United States, 556 U.S. 938 (2009): "In light of these statutory features, we explained in Turkette that 'an enterprise includes any union or group of individuals associated in fact' and that RICO reaches 'a group of persons associated together for a common purpose of engaging in a course of conduct.'" 452 U. S., at 580, 583. Such an enterprise, we said, "is proved by evidence of an ongoing organization, formal or informal, and by evidence that the various associates function as a continuing unit."

21   United States v. Grote, 961, F. 3rd, 105, 119 (2nd Circuit 2020): "RICO offenses may be predicated on a single instance of collection of unlawful debt, as well as on a pattern of racketeering activity. See 18 U.S.C. § 1962; United States v. Giovanelli, 945 F.2d 479, 490 (2d Cir. 1991). While 'racketeering activity' is generally understood to encompass only criminal offenses, see Durante Bros. & Sons,

3.3. Punibilidad de las conductas organizadas. Las *sentencing guidelines*

En relación con la punibilidad de los delitos RICO, prevista en la subsección 1963, podrán imponerse multas no superiores a 25.000 dólares estadounidenses y penas de prisión no superiores a 20 años por los delitos anteriormente referenciados, y la disolución de las organizaciones y entes coadyuvantes al delito, así como el decomiso de los bienes. En este sentido, son los Tribunales federales quienes tendrán jurisdicción para ordenar a cualquier persona (física o jurídica) que se abstengan de cualquier interés en empresas de la naturaleza de las enjuiciadas, imponiendo las prohibiciones que estimen pertinentes para ejercer profesiones mercantiles.

Estas penas se entenderán, como ya se señaló anteriormente, sin perjuicio de las que se impongan en relación con otros delitos previstos en otros Títulos del Código Penal Federal y que se hayan cometido en el marco de una conducta mafiosa.

En nuestro Derecho Penal, sustantivo y procesal, conforme al principio de libre valoración de prueba que se practique en el acto de plenario (*ex.* art. 741 LECrim), los Tribunales al declarar como probado un hecho punible y las circunstancias penalmente relevantes que lo envuelven, analizarán de forma pormenorizada y conjunta toda la prueba que ha sido presentada y admitida en el juicio oral y que lleva a tenerlo por cierto, individualizando en consecuencia la pena que quepa imponer conforme a los preceptos legalmente aplicables (entre otros, artículos 66, 66 bis, 70 y concordantes del Código Penal).

En tal sentido, no pueden los Tribunales jerárquicamente superiores (desde el punto de vista de la competencia funcional) formular criterios interpretativos de carácter impera-

---

Inc. v. Flushing National Bank, 755 F.2d 239, 247 (2d Cir. 1985), the RICO statute defines 'unlawful debt' to include any debt 'which is unenforceable under State or Federal law ... because of the laws relating to usury' and 'which was incurred in connection with ... the business of lending money or a thing of value at a rate usurious under State or Federal law, where the usurious rate is at least twice the enforceable rate.'"

tivo sobre valoración de prueba o determinación de la pena, pues ello constituiría una infracción muy grave de conformidad con los dispuesto en el artículo 417.4 de la Ley Orgánica del Poder Judicial, aunque sí pueden impartir prevenciones gubernativas que se reputen necesarias o convenientes para el buen funcionamiento de los Juzgados y Tribunales, dando cuenta al Consejo General del Poder Judicial (*ex.* art. 162 LOPJ).

En el Derecho Penal estadounidense existen las denominadas «*sentencing guidelines*», o pautas/guías de enjuiciamiento. Se trata de un conjunto de criterios que, si bien no son vinculantes, se vienen aplicando consuetudinariamente, con vistas a lograr una unificación de criterios ante los Tribunales tanto estatales como federales[22]. El carácter netamente orientativo es conforme a la Sexta Enmienda de la Constitución estadounidense.

A la hora de ponderar y establecer en concreto la punibilidad de los actos de crimen organizado, hemos de partir de una consideración que es común a todos los Estados democráticos y de Derecho (entre los que naturalmente se encuentran los Estados Unidos), y es la prohibición del *bis in ídem*: la prohibición de que un mismo hecho sea sancionado como delito dos veces. En el ámbito RICO, la problemática del *bis in ídem* podría en apariencia provenir de dos flancos:

a) Cuando el acusado lo es por conspiración criminal y por una infracción sustantiva (un acto ejecutivo punible de crimen organizado, revelador de un patrón de conducta).

---

22 SCOTUS, United States v. Bocker, 543 US 220 (2005): "We answer the question of remedy by finding the provision of the federal sentencing statute that makes the Guidelines mandatory, 18 U. S. C. A. §3553(b) (1) (Supp. 2004), incompatible with today's constitutional holding. We conclude that this provision must be severed and excised, as must one other statutory section, §3742(e) (main ed. and Supp. 2004), which depends upon the Guidelines' mandatory nature. So modified, the Federal Sentencing Act, see Sentencing Reform Act of 1984, as amended, 18 U. S. C. §3551 et seq., 28 U. S. C. §991 et seq., makes the Guidelines effectively advisory. It requires a sentencing court to consider Guidelines ranges, see 18 U. S. C. A. §3553(a)(4) (Supp. 2004), but it permits the court to tailor the sentence in light of other statutory concerns as well, see §3553(a) (Supp. 2004)."

b) Cuando el acusado lo es por una infracción de precepto sustantivo de la Ley RICO y por hechos que constituirían actos de crimen organizado dentro de la citada norma.

El Tribunal Supremo de los Estados Unidos, para sorpresa de nosotros los juristas europeos (y españoles), ha admitido lo siguiente:

> «En muchos supuestos puede condenarse por separado por la conspiración para perpetrar un acto de crimen organizado, y por la consumación de ese fin, pues la Ley en su subsección 1962 d) contiene un elemento diferenciador de una previsión sustantiva de los anteriores párrafos, y es el acuerdo conjunto para cometer el hecho[23]».

Por lo tanto, parece que pueden condenar los Tribunales federales por una conspiración y a la vez por un delito consumado, cosa que en España resultaría impensable por la propia construcción jurídica de ambos supuestos. Si se ha dado inicio a la acción típica descrita en el delito concreto, la societas sceleris que surgió con anterioridad para planear el delito ha quedad completamente atrás. Cuestión distinta sería que la conspiración lo fuese para otro delito distinto, no para el perpetrado.

A este respecto, resulta relevante la denominada Regla Wharton, como criterio de modulación establecido por el propio SCOTUS: un acuerdo entre dos personas para come-

---

23   SCOTUS, Ianelli v. United States, 420 US, 770-778 (1975): "This settled principle derives from the reason of things in dealing with socially reprehensible conduct: collective criminal agreement — partnership in crime — presents a greater potential threat to the public than individual delicts. Concerted action both increases the likelihood that the criminal object will be successfully attained and decreases the probability that the individuals involved will depart from their path of criminality. Group association for criminal purposes often, if not normally, makes possible the attainment of ends more complex than those which one criminal could accomplish. Nor is the danger of a conspiratorial group limited to the particular end toward which it has embarked. Combination in crime makes more likely the commission of crimes unrelated to the original purpose for which the group was formed. In sum, the danger which a conspiracy generates is not confined to the substantive offense which is the immediate aim of the enterprise."

ter un delito concreto no puede perseguirse como conspiración cuando es necesaria la participación de dichas personas para su comisión, pero sí puede castigarse cuando no lo sea, lo que no impide la condena por conspiración RICO y acto ejecutivo RICO[24].

Sobre la posible controversia relativa a la condena por un delito RICO y por los hechos que determinan el patrón de criminalidad organizada (apartado B)), los Tribunales Federales han mantenido una postura uniforme en el sentido de que pueden castigarse, sin incurrir en el *bis in ídem*, ambas conductas. Algo similar sucede en España, pues el delito de organización criminal del artículo 570 bis de nuestro Código Penal es autónomamente sancionable con respecto de los otros delitos graves o menos graves cometidos en su seno o como consecuencia de la participación o coadyuvancia a los fines de la organización. Incluso se han dado casos de solamente producirse una imputación por pertenencia a organización criminal, pues en éstos solo hay prueba sustancial de la integración pero no de la comisión de otros delitos.

Lo que no resulta permitido en nuestro Derecho Penal es el castigo de conspiración para la comisión del delito de organización criminal, al no estar expresamente prevista tal infracción en el Título XXII, Capítulo VI como preceptúa el artículo 17.3 CP.

Resueltas las anteriores cuestiones, y tras haber anticipado el carácter no vinculante de las pautas o guías de enjuiciamiento, analicemos su contenido someramente. Debe partirse de las penas previstas en la subsección 1963, tomando en consideración la pena en abstracto del tipo básico, o de la pena de 19 años de prisión si ésta fuera el único delito RICO. Si se tratasen de varios delitos RICO, los Tribunales federales tomarán en consideración la pena que correspondería a cada uno como si se sancionasen por separado, y la mayor pena (o la de 19 años, si ésta fuere mayor), será el límite máximo de la pena a imponer para cada hecho, teniendo libertad el

---

24 United States v. Marino, 227 F. 3rd, 11, 39 (1st Circuit 2002): "Under that Rule, an agreement by two persons to commit a particular crime cannot be prosecuted as a conspiracy when the crime is of such a nature as necessarily to require the participation of two persons for its commission, in such a case the conspiracy being deemed to have merged into the completed offense."

tribunal sentenciador para fijarla en concreto dentro de ese baremo.

Sorprende, no obstante, en contraposición a nuestro Derecho, la Jurisprudencia estadounidense haya admitido la posibilidad de que pueda ser tenido en cuenta a efectos condenatorios por conspiración un acto de crimen organizado por el que el acusado haya sido absuelto, o por el que ni siquiera se le hubiese formulado acusación, con tal de que tal acto permita acredita el denominado patrón de delincuencia organizada.

3.4. Las acciones y responsabilidad civiles *ex delicto* RICO

El ejercicio de las acciones civiles, al amparo de la subsección 1964, tiene ciertas particularidades. Estarán facultados para ello todos los que resulten perjudicados por actos de criminalidad organizada, pudiéndose reclamar las pérdidas económicamente individualizadas y que resulten acreditadas junto con los honorarios de la correspondiente representación procesal. Los daños compensantorios podrán ser triplicados, en lo que se conoce como «*treble damages*»: la multiplicación se predica respecto de la cuantía pretendida por el demandante que resulte vencedor en la litis.

Al contrario que en el proceso penal español, donde la responsabilidad *ex delicto* generalmente se ejercita conjuntamente con la acción penal y no prescribe durante su tramitación, las acciones civiles derivadas de la Ley RICO están sujetas a plazos de prescripción, denominados «*Statute of Limitations*». La norma no prevé expresamente estos plazos, y habrán de ser los Tribunales Federales quienes apliquen análogamente los Estatutos RICO aprobados por sus Cámaras Legislativas, ante el silencio del legislador de Washington D.C. Si la normativa de los Estados no prevén plazos específicos, deberán aplicarse cláusulas residuales si así se considera conveniente por el Tribunal sentenciador, aunque el SCOTUS viene aplicando un plazo de 5 años de prescripción[25]. En línea con lo que señala la doctrina estadounidense, la falta de previsión de la ley RICO se entiende por el hecho de que su fina-

---

25   Kenneth A. Braziller, Statutes of Limitations in Civil Rico Actions After Wilson v. Garcia, 1987.

lidad primaria es ofrecer instrumentos certeros a los operadores jurídicos para combatir la delincuencia organizada.

Para el ejercicio de acciones civiles derivadas de un hecho previsto como delito en la Ley RICO, serán competentes los Tribunales Federales de Distrito del domicilio del actor o cualesquiera otros en los que pueda encontrarse, o del lugar donde tenga éste un representante o lleve a cabo sus negocios.

No constituye un requisito de procedibilidad para su ejercicio que el demandado contra el que se acciona haya sido condenado conforme a la ley. En consecuencia, que el demandado esté o no esté condenado por la Ley RICO u otras leyes federales no obsta a la activación de la acción de daños y perjuicios[26]. Tampoco obsta a su ejercicio que el demandante no haya podido probar el patrón de criminalidad organizada, simplemente basta con acreditar la lesión.

Desde un punto de vista del Derecho comparado, esto resulta interesante: en nuestro Derecho Penal, procesal y sustantivo, la idea de la responsabilidad civil derivada del delito precisamente trae causa de un hecho punible. Si resulta acreditado, habrá condena al cumplimiento de la restitución de los bienes (si fuere posible), de la reparación del daño o de la indemnización de los perjuicios materiales y morales, respondiéndose en la cuota que determine el Tribunal si fueren varios autores; de otra parte, si la acción civil se ejercita separadamente del procedimiento penal, hay que esperar a su conclusión para llevarla a cabo (ex. arts. 109, 110 y 116 CP; arts. 111, 112 y 114 LECrim).

Así, nuestro Tribunal Supremo recuerda que «como resulta de los artículos 111 y 114 de la LECRIM, en relación con el art. 1969 CC, la tramitación de un proceso penal, sobre los mismos hechos, retrasa el inicio del cómputo del plazo de la prescripción extintiva de la acción civil, al constituir un impedimento u obstáculo legal a su ejercicio[27]».

3.5. La obtención de pruebas para procedimientos RICO

En cuanto a la práctica de prueba, la subsección 1965 habilita a que el Tribunal *ex oficio* o a instancia de parte,

---

26   SCOTUS, Kelly v. The United States et Al, n.º 18-1059 (May 7th 2020).

27   STS Sala Segunda núm. 112/2022, de 15 de febrero.

pueda llamar a terceros que residan en un distrito diferente a aquel en que tiene su sede, o en Estados distintos, cuando resultase necesario para el buen fin de la administración de la Justicia, siendo parte en el proceso. Por encontrar un precepto habilitante homólogo en nuestra ley procesal civil, se trata de los supuestos de litisconsorcio pasivo necesario o en su caso de intervención provocada (regulados en los artículos 12 a 14 de la Ley de Enjuiciamiento Civil), en función del momento procesal en que se inste en las Cortes Federales su participación.

Por otra parte, en toda acción o procedimiento criminal ejercitada a instancia del Departamento de Justicia ante los Tribunales Federales de Distrito (cabe recordar que las acciones penales RICO tienen que ejercitarse necesariamente en éstos, pero las civiles pueden ejercitarse en Tribunales estatales), las citaciones de testigos pueden ser remitidas a otros partidos judiciales, imponiéndose la cooperación federal en estos casos, con la única salvedad de que en el caso de las acciones civiles o procedimientos de tal naturaleza no se remitirán citaciones testificales a sujetos que residan a más de 100 millas (unos 140 kilómetros) del Tribunal si el Magistrado no considera que concurra justa causa.

Aunque pueda resultar algo confuso el tenor literal de la norma procesal RICO, debe interpretarse en el sentido de que tanto si el testigo reside dentro del término de la sede del Tribunal, como si reside a más de 100 millas pero concurre justa causa, la citación por el Tribunal deberá llevarse a puro y debido cumplimiento.

En caso de ejercitarse una acción civil RICO de acuerdo con la subsección 1964, **impone la subsección 1966** que el Departamento de Justicia, a través del Fiscal General u otros Fiscales especiales referidos en la subsección 1961 como sus adjuntos, podrán remitir al secretario del Tribunal (Court Clerk), la certificación con la correspondiente declaración de que la causa civil es de especial interés o relevancia pública, justificando así la intervención. De esta certificación se dará traslado al Magistrado titular, que a su vez designará un juez de distrito para el examen de la misma.

La actividad probatoria, de acuerdo con la subsección 1967, podrá ser ejercitada en cualquier procedimiento criminal o acción civil por el Departamento de Justicia ante un Tribunal Federal podrá ser efectuada la declaración de reserva o secreto o impedirse el acceso del público cuando, previa valoración del Tribunal, puedan verse perjudicados los derechos de terceras personas. Esto es una previsión similar a la contenida en el artículo 681 de la Ley de Enjuiciamiento Criminal, cuando se trate de la i) preservación de derechos fundamentales, ii) del orden público, iii) de la intimidad de la víctima o de su familia o iv) cualquier otra circunstancia que pudiese perturbar el buen funcionamiento de la administración de Justicia. En nuestro ámbito procesal civil, acudiremos a las disposiciones de los artículos 138 y 140 de la Ley de Enjuiciamiento Civil.

Respecto de la obtención de prueba documental que resulte necesaria o pertinente en una investigación criminal o con carácter previo al ejercicio de acciones civiles o penales, El Fiscal General puede remitir un requerimiento civil a una persona para su entrega y posterior examen. La Ley RICO establece taxativamente el contenido de dicho escrito:

– La naturaleza de la conducta que constituye, indiciariamente un delito vinculado a la delincuencia organizada y que es objeto de la correspondiente investigación penal o del ejercicio de la acción civil.

– La descripción con absoluta nitidez y precisión de la prueba documental que es objeto de la medida.

– Identificación de la persona que habrá de ser designada como custodio de la documentación de que se trate.

– La fijación de un día, o fecha razonable para el retorno de la documentación una vez que sea examinada.

Debe recordarse que el requerimiento documental, ya sea civil o penal, debe ser objeto de aprobación por parte de la División Especial de Crimen Organizado del Departamento de Justicia, a fin de que verifique la cumplimentación de los anteriores requisitos del párrafo c) de la subsección 1968. Si en ese período de tiempo determinado como razonable no se han iniciado los correspondientes procesos para los cuales la documentación fue requerida, los originales incautados y sus copias, previo requerimiento al Fiscal General, serán restituidos a su legítimo propietario.

4
MÉXICO Y EL CRIMEN ORGANIZADO

«Veo un México con hambre y sed de Justicia».
Licenciado Luis Donaldo Colosio
Candidato Presidencial de México

Creo que por la práctica totalidad de los juristas que estamos, o que intentamos, estar versados en la delincuencia organizada, conocemos la historia del surgimiento de los cárteles mexicanos: no eran (y son) otra cosa que «familias» que si bien en un principio se dedicaron al tráfico de marihuana (comúnmente llamada *«mota»*) en el triángulo dorado del centro del país, abarcando los estados de Sinaloa, Chihuahua y Durango, luego posteriormente vieron que los beneficios que podía reportar el tráfico de sustancias estupefacientes de mayor gravedad (cocaína, posteriormente heroína) no tenía comparativa alguna.

Así, la «Comisión» a la mexica que fundó el narcotraficante Miguel Ángel Félix Gallardo, y que incluía a personalidades de renombre público como Joaquín «Chapo» Guzmán, los hermanos Arellano, Amado Carrillo Fuentes, Ernesto Fonseca Carrillo o Rafael Caro Quintero se hizo con la distribución de la cocaína adquirida en los laboratorios de las selvas colombianas de los cárteles de Medellín, Cali y el Valle del Cauca.

México es un Estado federal. Y como todo Estado federal goza de un importante grado de descentralización administrativa y territorial. La seguridad ciudadana queda en manos de un buen conglomerado de fuerzas de seguridad. Policías Federales, dependiendo funcional y orgánicamente de la Secretaría de Seguridad; Policías Estatales, adscritos a las

Gobernadurías de los Estados Unidos Mexicanos, y Policía Municipal, perteneciente a las Corporaciones locales.

Los ingresos procedentes del tráfico no solamente eran blanqueados en propiedades y bienes de diversa consideración, sino que eran empleados para lograr un control sobre el Estado y sus autoridades y agentes. Sobre las distintas fuerzas policiales que hemos descrito.

Un buen ejemplo de ello era la ya extinta Dirección Federal de Seguridad (DFS).

La DFS se creó en el año 1947 como una agencia de inteligencia del gobierno mexicano dependiente de la Secretaría de Gobernación, durante la administración del presidente Miguel Alemán Valdés y cuya misión no era otra que recabar información de actividades subversivas o terroristas en el territorio nacional mexicano. Una suerte de CIA, pero con un alcance limitado a las fronteras del país. Posteriormente, se utilizó como un refuerzo policial en la lucha contra los cárteles, aunque con un estrepitoso fracaso. Los funcionarios de la DFS acabaron siendo sobornados y utilizados por el crimen organizado como informantes sobre posibles movimientos policiales y judiciales en su contra. De este modo, se aseguraban la inactividad del Estado y si hubiera algún rescoldo de llamas de la Justicia, podían pasar inadvertidos. En el año 1985 este órgano fue disuelto, y sus efectivos se repartirían entre las distintas fuerzas policiales mexicanas (Policía federal, estatal o municipal).

En tanto que el creciente flujo de droga en el país donde era vendida, los Estados Unidos de Norteamérica, aumentaba exponencialmente, la Administración Reagan decidió que era imprescindible «apoyar» a los mexicanos para erradicarla tanto en suelo estadounidense como mexica, sin perjuicio de las operaciones que se seguían contra los cárteles colombianos en los tiempos del Presidente César Gaviria. La joven agencia federal, «Drug Enforcement Administration», creada en los tiempos de Richard Nixon cobró un nuevo impulso, particularmente después de la salvaje tortura y asesinato del Agente Enrique Camarena.

Tras la caída de Félix Gallardo, el único cártel que existía se disgregó y se formaron múltiples organizaciones en México: los cárteles de Jalisco Nueva Generación, los Templarios, del Golfo, de Juárez, los Zetas y el de Beltrán Leyva, entre otros.

Dado que los medios convencionales del Estado y la Justicia en México no surtían efecto alguno frente a la delincuencia estructurada, se procedió a usar métodos mucho más radicales. La Secretaría de Defensa Nacional (SEDENA), bajo el Gobierno de Felipe Calderón Hinojosa, inicia en los años 2006-2007 la denominada «Guerra contra el Cártel». Esto no es sino el empleo de recursos militares (la Infantería de Marina, el Ejército de Tierra y la Fuerza Aérea) para el establecimiento de zonas de atricción y de control del territorio que venían ocupando los cárteles, con auxilio de fuerzas policiales federales, estatales y locales. En cualquier caso, es en este momento el ejército y sus respectivos mandos quienes tomarán las riendas de la lucha contra el crimen organizado.

Esta estrategia, desde una atalaya en el tiempo, puede concluirse que fue un fracaso. Ya en el año 2011, casi al tiempo del cese del mandato de Calderón hubo voces que consideraron que el plan gubernamental tenía fallas, entre otros, Juan Carlos Montero y Bernardo González Aréchiga, especialistas en políticas públicas frente a la criminalidad organizada. Partiendo del reconocimiento de la amenaza que implica ésta para el régimen democrático, analizaron las políticas adoptadas. A juicio de estos autores, «*las políticas para combatir el crimen organizado requieren del desarrollo de sistemas de inteligencia y contrainteligencia que identifiquen las instituciones gubernamentales corruptas y brinden al Estado los elementos suficientes para una adecuada procuración de justicia, fortaleciendo el ejercicio de la acción policial y la creación de oportunidades para el desarrollo económico y social[28]*».

Esta afirmación sin duda que constituye uno de los principales ejes de la actuación de la Administración de Justicia contra las mafias, contra las estructuras organizadas: la necesidad de evitar que puedan infiltrarse en la función pública y que socaven los recursos con los que cuenta el Estado para su represión. Y sobre todo, la utilización de medios que permitan vertebrar una respuesta quirúrgica. No se trata de «matar moscas a cañonazos», sino de operar un tumor.

---

28   Juan Carlos Montero y Bernardo González Aréchiga, «La estrategia contra el crimen organizado en México: análisis del diseño de la política pública», *SciELO*, 4-07-2011.

Calderón empleó recursos militares para solventar un problema que en origen y en la mayoría de los casos requería una intervención civil. La Procuraduría General de la República Mexicana (La PGR, el equivalente nuestro de la Fiscalía General del Estado) presentaba una importancia secundaria frente a la SEDENA o la SEMAR (Secretaría de Marina), lo que impedía la llevanza de investigaciones criminales de calado. Había más «balaceras», enfrentamientos entre activos de los cárteles e infantes de marina, que procesos penales de entidad similar a los que se dieron en Italia o en EE.UU décadas atrás. Y no se incoaban precisamente por la fragilidad de la confianza y la limpieza de las fuerzas que auxiliaban a la Procuraduría. Por no hablar de la ya maltrecha imagen de la Fiscalía mexicana, tras los asesinatos del candidato del Partido Revolucionario Institucional (PRI) a la Presidencia del Gobierno Luis Donaldo Colosio, del Secretario General del PRI José Francisco Ruiz Massieu o de los más de 200 militantes del Partido de la Revolución Democrática entre los años 1989 y 1994[29].

Tampoco podemos olvidar el hecho de que, en el presente año, el que fuera Procurador General de la República Jesús Murillo Karam se encuentra ingresado en prisión provisional por la causa abierta por las desapariciones forzosas y asesinatos de los 43 estudiantes de la Escuela Normalista de Ayotzinapa[30], en el Estado de Guerrero, en el año 2014. Se trató de un hecho de la más alta gravedad, pues puso sobre el tablero de la vida pública mexicana un auténtico entramado jerárquico y complejo que abarcaba a políticos, militares, policías, narcotraficantes y elementos de la PGR respecto de la tortura y ejecución de decenas de jóvenes. El hecho de que se concierten funcionarios públicos con delincuentes organizados no es novedoso en la historia jurídica de México, pero sin duda es la primera vez que el más alto representante de su Fiscalía se enfrente a la Justicia.

Creo sumamente ilustrativas las conclusiones del informe presentado por los Dres. Montero y González Aréchiga, que

---

29   Eisenstadt Todd, "Courting Democracy in Mexico: Party Strategies and Electoral Institutions", *Cambridge*, Cambridge University Press, 2004.

30   Marcos González Díaz, «Ayotzinapa: quién es Jesús Murillo Karam, el exfiscal de México acusado de torturas y desaparición forzada por el caso que marcó al país», *BBC World News Mexico*, 25-08-2023.

reflejan el camino que no debe tomarse (o al menos, no con las alforjas empleadas) en la lucha contra las organizaciones criminales:

«Basándonos en la "estrategia declarada" del gobierno federal inferimos que la política de combate al crimen organizado es una política de seguridad nacional, sin embargo, se sustenta principalmente en la política de seguridad pública con un carácter policial, considerando que el ejercicio de la fuerza pública es suficiente para alcanzar los objetivos.

Una vez que se ha identificado que el objetivo de esta política es reducir los niveles de violencia y que el medio para efectuarlo es la política de seguridad pública, surge una de las causas de las fallas: la falta de una visión integral respecto de la actuación política, debido a que, al privilegiar la seguridad pública, se pierde la consideración de que en realidad se trata de un asunto de seguridad nacional, lo que resta importancia a las políticas que complementan el esfuerzo de la seguridad pública, en particular las de desarrollo económico y social. De esta manera, a pesar de las constantes aprehensiones de criminales y los grandes decomisos de enervantes y armas, la violencia no cederá porque no se atacan sus causas. Al tratar de resolver un problema se origina otro.

La política de seguridad nacional demanda altos niveles de cooperación, además de transformaciones en la cabeza de la política, lo cual, inevitablemente, conduce a múltiples dificultades. La seguridad nacional coordina las Fuerzas Armadas con las dependencias encargadas de la seguridad pública, bajo la coordinación de la SEGOB. Esta tarea es viable porque en los planes sectoriales de ambas instituciones se establece la colaboración en el combate contra el crimen organizado; sin embargo, en el caso de la PGR y de la SSP, por ser las encargadas de la política de seguridad pública, entran en conflicto con la SEGOB ya que es difícil determinar quién establece los lineamientos de la política de seguridad pública y cómo compaginarlos con la seguridad nacional. Estos mismos obstáculos se reproducen al cooperar con las entidades federativas, pues aunque se reconoce la necesidad de colaborar con los gobiernos subnacionales respetando su soberanía y facultades legales, ello contradice el sentido de una "política de Estado", en la que debería haber un mando único que organice las acciones de las dependencias involucradas. Otro problema en el diseño de la política para combatir el crimen organizado, es la ambigüedad en cuanto a las tareas que desempeñan las Fuerzas Armadas, al punto de que estas mismas dependencias han acusado y exigido que se las regule mediante la actualización de la normatividad aplicable. A pesar de las estrategias de colaboración entre el gobierno federal y las Fuerzas Armadas, no existe ningún documento público que defina qué compromiso tiene cada dependencia, por lo que no se puede fincar una responsabilidad específica para la SSP, la Sedena, la SEMAR, la PGR y policías estatales, lo que las puede llevar a competir entre sí en vez de participar en torno a una estrategia que establezca claramente sus responsabilidades».

Ya hemos visto que los mimbres de la justicia mexicana se encuentran debilitados, a falta de un vuelco del Ejecutivo. Sobre los instrumentos jurídicos, debemos acudir a la vigente Ley Federal contra la Delincuencia Organizada, en su versión vigente a de 25 de noviembre de 2022, tras la Sentencia de la Suprema Corte de Justicia de la Nación de la misma fecha por la que se declararon inconstitucionales ciertos aspectos. Podemos sistematizar su estructura en los siguientes campos:

– El ámbito material de aplicación de la norma: el delito de organización criminal, cuándo se entiende perpetrado y los delitos que le son anejos.

– El procedimiento de investigación de la delincuencia organizada: competencia investigadora, técnicas de investigación y medidas cautelares personales forzosas.

En cuanto al primer punto, el artículo 2.º define la organización criminal como la unión de tres o más personas para la perpetración, de manera permanente o reiterada, conductas que por sí mismas o unidas a otras tienen como resultado la ejecución de los delitos siguientes:

– I. Terrorismo, previsto en los artículos 139 a 139 ter del Código Penal Federal Mexicano, financiación del terrorismo (artículos 139 quáter y quinquies), terrorismo internacional (artículos 148 bis al 148 quáter), contra la salud pública (artículos 194, 195 y 196 ter), entre otros.

- II. Tráfico de armas, previstos en los artículos 83 bis, 84, 84 bis, 85, 85 bis de la Ley Federal de Armas de fuego y explosivos.
- III. Tráfico de personas, previsto en el artículo 159 de la Ley de Migración.
- IV. Tráfico de órganos humanos, previstos en los artículos 461, 462 y 462 bis, y delitos contra la salud pública, y delitos contra la salud en su modalidad de narcomenudeo previstos en los artículos 475 y 476, todos de la Ley General de la Salud.
- V. Delitos de corrupción de personas menores de dieciocho años o de personas que no tienen capacidad para comprender el significado del hecho o de personas que no tienen capacidad para resistirlo, previsto en el artículo 201 del Código Penal Federal, o de pornografía de menores de dieciocho años, previsto en el artículo 203 y 203 bis, Código Penal Federal.
- VI. Delitos de trata de seres humanos previstos en el Título Primero de la Ley General para Prevenir, Sancionar y Erradicar los delitos en materia de trata de personas y para la protección y asistencia a las víctimas de estos delitos.
- VII. Las conductas previstas en los artículos 9, 10, 11, 17 y 18 de la Ley General para Prevenir y Sancionar los Delitos en materia de Secuestro, Reglamentaria de la fracción XXI del artículo 73 de la Constitución Político de los Estados Unidos Mexicanos.
- VIII. Los delitos previstos en los apartados primero y segundo del artículo 8, así como en los apartados primero, segundo y tercero del artículo 9 de la Ley Federal para Prevenir y Sancionar los Delitos cometidos en materia de Hidrocarburos.

De la lectura de este precepto podemos apreciar que numerosos delitos, cuya comisión se produce en el seno de la estructura permanente o habitual de personas con las características exigidas, son normas penales en blanco, con remisión a otras leyes. De un análisis pormenorizado de estos artículos se extrae que no son normas que no estén impregnadas de la taxatividad que se le exige a una figura delictiva en un Código criminal.

Del mismo modo, también tenemos que tener presente que la construcción vigente de la respuesta del Estado mexicano al crimen organizado es muy similar a la de los Estados Unidos de Norteamérica: primero, una definición de lo que debemos entender por crimen organizado; segundo, la necesaria estructura temporal de personas resueltas a actuar en tal fin (más o menos jerárquica); y tercero, que los delitos cometidos sean algunos de los previstos en el catálogo referenciado en la ley.

Como ya veremos con posterioridad, la diferencia con nuestra regulación de las organizaciones criminales estriba en que este delito en España es autónomo en su punibilidad: la constitución, organización, promoción, coordinación, pertenencia o dirección de la estructura es per se sancionable por el mandato de nuestro artículo 570 bis CP, pudiendo cometerse cualesquiera de los delitos previstos en el Código y con independencia de su grado de ejecución, participación, o incluso de su preparación.

Según la sentencia núm. 429/2018, de 3 de mayo, dictada por la SCJN cuando en una sentencia firme dictada en causa criminal se acredite la existencia de una organización criminal conforme a lo previsto en el artículo 2.º de la Ley contra la delincuencia organizada, esto constituirá plena prueba (atendiendo a lo previsto en el artículo 41.º) en ulteriores procesos, desplegando efectos cuasi de cosa juzgada, siempre que se trate de la misma estructura criminal[31].

En cuanto a la investigación y el procesamiento de la delincuencia organizada, ésta recaerá, por mandato del artículo octavo de la ley, en la Unidad Especial de la Procuraduría General de la República. Es cierto que la existencia de un Juez

---

31 «Esta Primera Sala al resolver la Contradicción de Tesis 429/20182, interpretó el artículo 41, párrafo tercero, de la Ley Federal contra la Delincuencia Organizada (en su texto anterior a la reforma de dieciséis de junio de dos mil dieciséis),3 avalando el contenido del precepto en cuanto confiere el carácter de prueba plena a la sentencia judicial irrevocable que tenga por acreditada la existencia de una organización criminal determinada, para efecto de que también con ese fallo pueda acreditarse esa organización delictiva en otro procedimiento; sin embargo, en dicha decisión se interpretó la norma en el sentido de que la sentencia judicial irrevocable que refiere NO tiene el carácter de prueba plena para acreditar la existencia de una organización criminal diversa aun cuando esté vinculada con aquélla».

4. MÉXICO Y EL CRIMEN ORGANIZADO

de Garantías permite el control judicial de la investigación, pero el peso de la misma recae en los Fiscales especiales.

Se prevé que esta unidad contará con auxilio de un cuerpo técnico para la ejecución de las intervenciones de las escuchas telefónicas y de otros medios de comunicaciones privados. En el ámbito de delitos contra la Hacienda Pública, de blanqueo de capitales o de enriquecimiento ilícito la Unidad Especial debe realizar su investigación en coordinación con la Secretaría de Hacienda y Crédito Público.

Una curiosidad existente en la normativa mexicana es que el Fiscal, como responsable de la llevanza de la investigación penal, es quien autoriza a los miembros de las fuerzas de seguridad para su infiltración en la organización criminal en su condición de agente encubierto. Así, el artículo 11 bis de la ley faculta «*al Titular de la Unidad Especializada prevista en el artículo octavo a autorizar la reserva de la identidad de los agentes de las fuerzas del orden público que participen en las operaciones encubiertas, así como de los que participen en la ejecución de órdenes de aprehensión, detenciones en flagrancia y casos urgentes, cateos relacionados con los delitos previstos en esta ley [...]*». Esto representa una fundamental diferencia del derecho procesal español, pues el artículo 282 bis de la Ley de Enjuiciamiento Criminal prevé que sea el Juez de Instrucción competente (o el Fiscal, dando cuenta acto seguido a la autoridad judicial para su ratificación) quien autorice una identidad supuesta para el funcionario de policía o Guardia Civil integrantes de Policía Judicial, cuando ello resulte necesario para los fines de la averiguación del delito.

La revelación de cualquier aspecto de la investigación en este sentido, o del contenido de las diligencias practicadas en materia de crimen organizado se castigan severamente (de 4 a 8 años de prisión y multa, *ex.* art. 11 bis de la norma).

Por último, a los integrantes de organizaciones o cárteles mafiosos se les tiene vetado el ingreso en una prisión (ya sea preventiva o definitivamente por sentencia firme), cercana al domicilio, siendo esta decisión legal y judicial conforme con la interpretación de la Carta Magna mexicana[32] (artículo 18, párrafo 8.º)

---

32   Sentencia de la Primera Sala SCJN núm. 248/2021.

5

INSTRUMENTOS DEL ESPACIO DE LIBERTAD, SEGURIDAD Y JUSTICIA EUROPEO

5.1. La Decisión Marco 2008/841, relativa a la lucha contra la delincuencia organizada

«La Unión Europea debe completar el importante trabajo realizado por las organizaciones internacionales, en particular la Convención de las Naciones Unidas contra la Delincuencia Organizada Transnacional».

Considerando 6.°, DM 2008/841

5.1.1. Antecedentes histórico-jurídicos

El Tratado de Maastricht de 1992 modifica los anteriores Tratados fundacionales de la entonces Comunidad Económica Europea, y conforma un nuevo sujeto de Derecho Público Internacional: La Unión Europea. Esta organización política se asienta sobre tres pilares fundamentales:

- I. Las Comunidades Europeas.
- II. La Política Exterior y de Seguridad Común (PESC).
- III. La cooperación en los asuntos de Justicia, y de Interior (JAI).

No perdamos de vista el tercer pilar, pues es uno de los fundamentos de la normativa europea contra la delincuencia organizada.

La proliferación (o crecimiento, si se prefiere) del libre tráfico de personas, capitales, mercancías y servicios fruto del acuerdo Schengen de 1985 y de la Convención Schengen de 1990 hicieron ver a la Unión, tal y como reflejaban las conferencias de Cardiff (15 y 16 de junio de 1998), de Tampere (15 y 16 de octubre de 1999), así como el propio Tratado de Ámsterdam de 1999 (destacando su artículo primero), la necesidad de reforzar no solamente la cooperación de Justicia que conforma el tercer pilar de Maastricht, sino el establecimiento de un espacio de Libertad, Seguridad y Justicia sólido y duradero.

En los propios términos literales de Ámsterdam 1999, se pretende en el nuevo contexto europeo «*mantener y desarrollar la Unión como un espacio en el que esté garantizada la libre circulación de personas conjuntamente con medidas adecuadas respecto del control de fronteras exteriores, el asilo, la inmigración y la prevención y lucha contra la delincuencia*».

Años después, y tomando como referencia la Convención de Palermo del 2000 sobre Delincuencia Transnacional (anteriormente analizada), así como los textos de los tratados originarios europeos, el Consejo Europeo adopta entre los días 4 y 5 de noviembre el Programa Plurianual de la Haya, en el que se recogen las diez prioridades de la Unión en materia de Libertad, Seguridad y Justicia. Una de ellas, específicamente, es la elaboración de un concepto estratégico relativo a la delincuencia organizada. El Plan proponía mejorar la cooperación entre las autoridades de los Estados Miembros encargadas de reprimir la criminalidad estructurada, así como la elaboración de un modelo europeo en materia de información penal.

Con el propósito de hacer efectivo lo anterior, la Comisión Europea remite al Consejo de la Unión y al Parlamento Europeo una comunicación constatando la necesidad de elaborar ese concepto estratégico, encargándose por otro lado a Europol (que agrupa a numerosos Cuerpos Policiales de los Estados Miembros con el fin de favorecer la puesta en común de información y de equipos de investigación conjuntos, entre otras cuestiones) evaluaciones periódicas sobre el tema. Sin embargo, no será hasta octubre de 2008 cuando se implemente una norma europea con plena eficacia jurídica y de obligado cumplimiento para la totalidad de los Estados Miembros.

5.1.2. Llega la Decisión Marco

La DM 2008/841, de 24 de octubre de 2008, del Consejo de la Unión, relativa a lucha contra la delincuencia organizada, surge con el objetivo de materializar el apartado 3.3.2 del Programa de la Haya de 2004 en un instrumento que, con respeto a las garantías y derechos de la ciudadanía europea (preservados en el Convenio Europeo de los Derechos Humanos, La Carta de Derechos Fundamentales de la Unión Europea, los Tratados Originarios TFUE y TUE y el Derecho derivado), suponga un marco común a las distintas autoridades judiciales y policiales de los Estados Miembros de la Unión para hacer frente al crimen organizado.

La DM deroga la Acción Común 98/733/JAI, adoptada temporalmente a la vista de las conclusiones alcanzadas en Cardiff y ratificada posteriormente en Tampere. Es de notar que ya la segunda efectuaba una definición de lo que debía entenderse por organización criminal:

> «A los efectos de la presente acción común se entenderá por organización delictiva una asociación estructurada de más de dos personas establecida mediante un cierto período de tiempo, y que actúe de manera concertada con el fin de cometer delitos sancionados con una pena privativa de libertad o una medida de seguridad privativa de libertad de al menos cuatro años o con una pena aún más severa, con independencia de que esos delitos constituyan un fin en sí mismos o un medio para obtener beneficios patrimoniales y, en su caso, de influir de manera indebida en el funcionamiento de la autoridad pública[33]».

---

33 98/733/JAI, Acción Común de 21 de diciembre de 1998 adoptada por el Consejo sobre la base del artículo K.3 del Tratado de la Unión Europea, relativa a la tipificación penal de la participación en una organización delictiva en los Estados de la Unión Europea.

Veamos ahora la definición contenida en el artículo primero de la DM:

«Se entenderá por organización delictiva»: una asociación estructurada de más de dos personas, establecida durante un cierto período de tiempo y que actúa de manera concertada con el fin de cometer delitos sancionables con una pena privativa de libertad o una medida de seguridad privativa de libertad de un máximo de al menos cuatro años o con una pena aún más severa, con el objetivo de obtener, directa o indirectamente, un beneficio económico u otro beneficio de orden material».

Comparando ambos textos podemos apreciar que la Acción Común era más amplia que la DM, y ello por varias razones. En primer lugar, por el hecho de que permitía considerar claramente la existencia de una organización criminal, con independencia de que los delitos cometidos en su seno fueran un fin en sí mismos o un medio para la prosperidad o crecimiento de la organización, siempre que se reuniesen los elementos personal y temporal. En la DM, por el contrario, se exige para apreciar la organización la concurrencia además del elemento teleológico: que se constituya con el fin de cometer delitos, amén de la participación en tales delitos.

En segundo lugar, la DM suprime la referencia a que una de las posibles finalidades de la delincuencia organizada sea la influencia en las autoridades públicas durante su desempeño. Esto no parece muy acertado, pues supone desconocer el impacto que ha llegado a tener el crimen organizado en la función pública, como he intentado poner de manifiesto en esta obra.

En tercer y último lugar, también se suprime la referencia a entender la concurrencia de la organización criminal con independencia de que la obtención un beneficio económico o material de otra índole fuera un fin en sí mismo o un instrumento de la organización, entendiendo quien suscribe estas líneas que quizá se consideró innecesaria o no obtuvo el respaldo unánime de los Estados Miembros. La DM ahora orienta a la actuación de la delincuencia organizada con vistas a un fin, la percepción del beneficio.

El criterio seguido por nuestro Código Penal en el artículo 570 bis CP, a pesar de la similar redacción, es el de la DM, lo que se explica por una parte por la obligatoriedad de transponer su contenido a nuestro ordenamiento jurídico (cosa que se hizo en virtud de la LO 5/2010, con la modificación operada por la LO 1/2015, de reforma del Código Penal), y por otro lado por el hecho de que la DM se adoptó, siguiendo el ya superado procedimiento de codecisión europeo, como una norma de mínimos, de ahí que quizá se prescindiese de ciertos elementos de la definición de la Acción Común. El considerando séptimo de la DM reafirma la necesidad de que se implemente en la UE su contenido, y a la vista de que los Estados Miembros previsiblemente no lo harán.

Recordar que, conforme a doctrina de la Sala Segunda de nuestro Tribunal Supremo, la pertenencia, integración o participación en la organización criminal puede sancionarse autónomamente, con o sin otros delitos anejos a ella, es pues un delito con sustantividad propia.

La obligatoriedad de la tipificación como delito de la participación en las actividades organizadas se prevé como mandato para los Estados Miembros a tenor de lo previsto en el artículo 2.°:

> «a) la conducta de toda persona que, de manera intencionada y a sabiendas de la finalidad y actividad general de la organización delictiva o de su intención de cometer los delitos en cuestión, participe activamente en las actividades ilícitas de la organización, incluida la facilitación de información o de medios materiales, reclutando a nuevos participantes, así como en toda forma de financiación de sus actividades a sabiendas de que su participación contribuirá al logro de la finalidad delictiva de esta organización;
> b) la conducta de toda persona que consista en un acuerdo con una o más personas para proceder a una actividad que, de ser llevada a cabo, suponga la comisión de delitos considerados en el artículo 1, aún cuando esa persona no participe en la ejecución de la actividad».

En el supuesto previsto en la letra a) del artículo 2.° los EM habrán de sancionar la participación activa en las actividades ilícitas de la organización. Dicha participación podrá adoptar la forma de acciones ejecutivas principales (un homicidio, una detención ilegal o secuestro, una extorsión…) o de labores de apoyo tales como la facilitación de información sobre la víctima y su entorno o la provisión de medios materiales para perpetrar el delito, o la financiación de la organización.

En el caso de la letra b), la DM impone la tipificación de la societas sceleris de dos personas o más para la perpetración de los delitos a los que se refiere el artículo primero, no exigiéndose una autoría material de quien se concierta o propone a otros su comisión. Ya que en este supuesto no se menciona expresamente el concepto de organización criminal, ni se prevé que la conducta a tipificar implique a más de 2 personas, ni tampoco la conspiración o la proposición son predicables respecto del artículo 570 bis CP puede entenderse que se refiere a las «asociaciones estructuradas», y en nuestro Derecho Penal encontraría encaje en los artículos 515 y 519, sobre la asociación ilícita.

El art. 2 de la Decisión Marco 2008 exige que el sujeto actúe a sabiendas de la finalidad y actividad general de la organización delictiva o de su intención de cometer los delitos en cuestión. No cabe la comisión imprudente.

La punición de las organizaciones criminales a la luz de la DM debe abarcar, en el caso del artículo 2.a), al menos una pena máxima de prisión de dos a cinco años; y para la conducta de la letra b) del mismo precepto, la punición ha de ser equivalente a la prevista para el delito para cuya comisión se está conspirando o proponiendo, o al menos una pena máxima de prisión de entre dos y cinco años. Asimismo, se obliga a la tipificación como circunstancia agravante para los delitos referidos en el artículo 2 el haberse cometido el hecho en el marco de una organización criminal.

Reafirmar el cumplimiento de nuestro Derecho con la norma europea: por un lado, está tipificada autónomamente la constitución, promoción, dirección, integración, organización o coordinación de una organización criminal ex. art. 570 bis CP. Por otro lado, en determinados delitos ya se contempla en el CP como una agravación o cualificación de la conducta el haberse cometido el hecho en el seno de una organización (por ejemplo, el delito de asesinato ex. art. 140.1.3.º; el delito tráfico de órganos humanos ex. art. 156 bis.6.2.º; el delito de trata de seres humanos, ex. art. 177 bis. 6.2.º; el delito de agresión sexual a menor de dieciséis años ex. art. 181.5.º.h); el delito de prostitución coactiva a mayor de edad ex. art. 187.2.b); el delito de prostitución o corrupción de menores ex. arts. 188.3.f) y 189.2.f); el delito de descubrimiento y revelación de secretos ex. art. 197 quater, el delito de hurto ex. art. 235.1.9.º; el delito de daños informáticos ex. art. 264.2.º.1.ª; el delito contra la propiedad intelectual ex. art. 271.c); el delito de tráfico de drogas ex. art. 369-2.º, 369 bis y 370 CP; el delito contra la Hacienda Pública o la Seguridad Social ex. arts. 305 bis.1.b) y 307 bis.1.b); el delito de tráfico ilegal o inmigración clandestina de personas ex. art. 318. bis.4 CP).

El artículo 4.º de la DM prevé que los Estados Miembros puedan aplicar en sus respectivos Códigos Penales circunstancias atenuantes de la responsabilidad criminal o excusas absolutorias que supongan su ausencia total, a saber: el abandono de las actividades, la identificación de otros procesados, la información a las autoridades judiciales y policiales sobre los hechos punibles, la atenuación o la privación de los efectos que el delito produzca o de los recursos de la organización, impedir la comisión de futuros delitos o aportar pruebas en el esclarecimiento del hecho.

En el artículo 570 quáter.4 CP se faculta a los Jueces y Tribunales, razonándolo en la sentencia, la imposición al responsable del delito ex. art. 570 bis CP la pena inferior en uno o dos grados, *siempre que haya abandonado de forma voluntaria sus actividades delictivas y haya colaborado activamente con las autoridades o sus agentes, bien para obtener pruebas decisivas para la identificación o captura de otros responsables o para impedir la actuación o el desarrollo de las organizaciones o grupos a que haya pertenecido, bien para evitar la perpetración de un delito que se tratara de cometer en el seno o a través de dichas organizaciones o grupos.* Como puede apreciarse, el artículo 4.º de la DM queda absolutamente cubierto con esta previsión de nuestro Derecho interno.

Los artículos 5 y 6 de la DM versan sobre la responsabilidad penal y sanciones a imponer a los autores de conductas de criminalidad organizada cuando sean personas jurídicas. En clave de derecho interno español, se precisará la verificación de los requisitos previstos en el artículo 31 bis CP, y que se estipule específicamente la responsabilidad penal de la persona jurídica. Actualmente no se contempla en los artículos 570 bis-570 quáter CP, sin perjuicio de que en determinados delitos agravados por la pertenencia a organización esta clase de responsabilidad esté expresamente establecida.

5.1.3. La Decisión Marco en contexto con otros instrumentos

Asimismo, también podemos hacer una comparativa de este instrumento con la Convención de Palermo, con saldo negativo para la norma europea. La Convención concreta el ámbito material de aplicación, lo que deben ser considerados como actos de crimen organizado, estableciendo la obligación de los Estados signatarios de tipificar los delitos vinculados a las mafias y las medidas específicas destinadas a la prevención, el decomiso del provecho e instrumentos del delito o las medidas de penalización de la corrupción en el sector público. La DM, por el contrario, es tremendamente escueta, no estableciendo nada más allá de las definiciones, sanciones, competencia, o circunstancias de atenuación o exención de responsabilidad criminal.

En el aspecto procesal, la parquedad de la DM es incuestionable: respecto de mecanismos de cooperación judicial o policial, el artículo 7.2 de la Decisión simplemente señala que, una vez determinada la competencia para la investigación penal (en un único Estado, si fuera posible, o en varios *a sensu contrario*), los Estados Miembros podrán recurrir a Eurojust u otros mecanismos. No se tocan aspectos como la remisión de actuaciones penales, de antecedentes judiciales, de equipos de investigación conjunta, de asistencia recíproca, extradición, etc.

Hubiera sido una ocasión francamente magnífica para unificar, en materia de delincuencia organizada transnacional, un marco normativo común que aglutine los Convenios europeos de 1957 y 1959, sobre asistencia judicial en materia penal, sobre extradición (en aquellos casos de Estados que, no siendo miembros de la Unión Europea, no pueden aplicar o ejecutar la OEDE).

Tampoco se tratan en la DM dos de las facetas más relevantes cuando afrontamos el combate contra las mafias: i) la tutela de las víctimas de los delitos cometidos por las organizaciones, y ii) el establecimiento de un marco de protección sustantivo y procesal de aquellas personas que valientemente deciden dar un paso adelante y proporcionar sus testimonios como elementos vertebradores de una investigación y eventual condena a los Jueces, Magistrados y Fiscales. En España, al menos, contamos con la Ley 4/2015, del Estatuto de la Víctima del Delito, y con la LO 19/1994, de protección de testigos y peritos en causas criminales, siendo la primera bastante prolija, no así la segunda, que precisa una fuerte reforma como ya reclamé con anterioridad[34].

---

34   Javier Veiga Vacchiano, «La lucha contra la criminalidad organizada:

5.1.4. Perspectivas de futuro

No obstante, creo que, a pesar de todas las carencias constatadas, ha sido un punto de partida para la armonización y colaboración a nivel europeo bastante importante. De hecho, se sigue trabajando en mejoras. Por una parte, tenemos el EMPACT 2022 (objeto de análisis a continuación), a la luz de la Evaluación de la Amenaza de la Delincuencia Grave y Organizada (SOCTA) de Europol, de 2021, que puso de relieve la creciente amenaza que representan la delincuencia organizada y la infiltración delictiva. Por otra parte, el 9 de junio de 2023 los ministros de Justicia de la Unión acordaron la posición común del Consejo sobre un proyecto de Directiva sobre recuperación y decomiso de activos provenientes del crimen organizado, estableciendo normas mínimas para los bienes de origen delictivo, en términos de seguimiento, identificación, embargo, decomiso, gestión.

Igualmente existen voces que recientemente apuestan, conforme al artículo 83.1 del Tratado de Funcionamiento de la Unión Europea (en lo sucesivo, TFUE), la implementación de una Directiva que supere los defectos de la DM, aunque ésta requerirá unanimidad, salvo que se opte por el mecanismo de cooperación reforzada (a petición de al menos 9 Estados Miembros).

5.2. Conclusiones del Consejo de la Unión Europea sobre la delincuencia organizada: EMPACT 2022

El 26 de febrero de 2021 el Consejo UE acordó la sustitución del denominado «*Ciclo Permanente de actuación contra la delincuencia organizada*» por el EMPACT 2022, la Plataforma Multidisciplinar Europea contra las Amenazas Delictivas en el espacio de libertad, seguridad y justicia, destinada a auxiliar a los Estados Miembros a hacer frente a las redes delictivas.

Es a día de hoy un instrumento de naturaleza semi permanente, con vistas a los años 2022-2025 (sin perjuicio de la

---

la Ley Orgánica 19/1994 de protección de testigos», *Legal Today-Aranzadi*, 4 de mayo de 2018.

posibilidad de ampliación), y que se asienta sobre una serie de pilares troncales:

- 1.º) Se están alcanzando los objetivos de cooperación penal frente a la delincuencia organizada, tanto a nivel de los Estados miembros como a niveles extracomunitarios. Esto se pone de manifiesto por la cifra ofrecidas desde el EMPACT. En coordinación con Europol, Eurojust, la Fiscalía Europea *(European Public Prosecutors Office)* y las autoridades judiciales y policiales de los Estados Miembros se han logrado 9.922 detenciones, 9.263 investigaciones abiertas, 180 millones de euros incautados, 4019 víctimas de delito salvaguardadas, más de 62 toneladas de droga incautadas, 51 investigados de alto valor identificados y de los cuales han sido detenidos 12 investigados[35].

- 2.º) Para el adecuado funcionamiento de la Plataforma EMPACT, se requiere por un lado el compromiso firme y activo en cada Estado Miembro de sus instituciones, órganos, organismos y agentes pertinentes con suficientes medios personales y materiales que posibiliten una aplicación operativa real. Se pide, en definitiva, un aumento presupuestario en los Departamentos/Ministerios del Interior y en la propia Administración de Justicia.

- 3.º) La estructura del EMPACT se fundamenta en la seguridad interior de la Unión Europea (control de fronteras, cooperación policial, judicial y aduanera), en la gestión de información, la innovación, la formación y la prevención, entre otras actuaciones.

- 4.º) En particular, es esencial aumentar la cooperación entre la Policía, los guardias de fronteras y guardacostas, las autoridades aduaneras, judiciales, administrativas y tributarias.

- 5.º) Deben eliminarse los planes estratégicos plurianuales por áreas temáticas concretas y adoptar un único plan general plurianual (lo que se corresponde con el EMPACT 2022-2025).

- 6.º) Se le encargará al Comité Permanente de Cooperación operativa en materia de seguridad interior (COSI) evaluaciones tanto de carácter anual como intermedias,

---

35   EMPACT Factsheet, Fighting Crime Together, Empact 2022 results.

sobre los planes de acción operativos y que podrán revisarse tras la verificación de nuevas amenazas.

Tampoco debe perderse de vista el hecho de, como apunta este informe, que la Comisión Europea y el Servicio Europeo de Acción Exterior lleven a cabo la promoción del «*conocimiento de la EMPACT en los diálogos de seguridad de la UE con terceros países, así como en las misiones y las operaciones de la política común de seguridad y defensa*».

Los Estados miembros, en virtud de estas conclusiones, se comprometen sobre la base de una evaluación de la amenaza de la delincuencia grave y organizada a articular una visión completa de otras posibles amenazas delictivas vinculadas que serán comprobadas desde los distintos organismos europeos y estatales. También asumen el fomento de una adecuada metodología sobre delincuencia estructurada, y deberán desarrollar planes estratégicos para cada prioridad delincuencial concreta.

Piénsese, por citar un ejemplo en boga hoy día, la Instrucción 8/22 de la Secretaría de Estado del Ministerio del Interior sobre Plan de Actuación y Coordinación Policial contra Grupos Violentos de Carácter Juvenil, que pronto será sustituida por la del año en curso, definiendo los requisitos policiales y jurídicos para incardinar en organizaciones de tal entidad a investigados en el curso de operaciones de las Fuerzas y Cuerpos de Seguridad del Estado.

En íntima relación con este asunto se encuentra la comunicación de la Comisión al Parlamento Europeo, al Consejo, al Comité Económico y Social Europeo y al Comité de las Regiones, de 14 de abril de 2021. En un prolijo documento, la Institución constata lo siguiente:

«Frente a este panorama, resulta crucial acelerar el desmantelamiento de las estructuras de delincuencia organizada, centrando la atención en los grupos que entrañan un mayor riesgo para la seguridad europea y en los altos mandos de las organizaciones delictivas. Con este objetivo, algunos Estados miembros han establecido estructuras nacionales u organismos en los cuerpos de seguridad y el poder judicial especializados en la lucha contra las organizaciones de carácter mafioso. Estas experiencias han demostrado su eficacia a la hora de impulsar la adopción de un enfoque estratégico que promueva los esfuerzos encaminados a desmantelar las infraestructuras delictivas. Asimismo, el establecimiento de unidades policiales u órganos judiciales especializados favorecería la cooperación transfronteriza».

El estamento policial y judicial en la Unión Europea actúa a día de hoy, como afirma la Comisión Europea, con una renovada voluntad de aunar esfuerzos. No solamente por decisión de los Estados Miembros, dentro del ejercicio de sus propias competencias y capacidad legislativa, sino gracias a instrumentos jurídicos europeos como lo son la Orden Europea de Detención y Entrega (OEDE), la Fiscalía Europea (acto seguido podremos adentrarnos en ella) o las agencias Eurojust y Europol. Respecto de la primera cuestión, he podido tratar de primera mano la voluntad de la Justicia europea de garantizar interpretaciones uniformes de la OEDE:

«(…) la DM, como establece su considerando 10.º, descansa en los principios de confianza y reconocimiento mutuo de las resoluciones judiciales dictadas en los Estados Miembros en un espacio común de libertad, seguridad y justicia. El cuestionamiento de una resolución emanada de un órgano judicial de un Estado Miembro debe ser muy restrictivo. Así, el TJUE afirma que "la ejecución de la orden de detención europea constituye el principio, mientras que la denegación de la ejecución se concibe como una excepción que debe ser objeto de interpretación estricta" (sentencia de 29 de abril de 2021, Rechtbank Amsterdam, Asunto C-665/20, PPU). Sólo puede denegarse la ejecución de una OEDE por los motivos obligatorios de no ejecución del artículo 3.º de la DM, por los motivos facultativos de no ejecución del artículo 4.º, por la falta de garantías que debe dar el Estado al que pertenece el Tribunal emisor de la OEDE, o por la falta de cumplimiento de los requisitos formales de la OEDE cursada conforme al artículo 8.º de la DM[36]».

Las conclusiones del EMPACT son compartidas por muchos Estados Miembros de la Unión. Particularmente es el caso alemán: en el año 2018 la *Bunderskriminalamt* (Dirección de la Policía Federal Alemana), en cooperación con el *Zollkriminalamt* (Oficina de Control de Aduanas) y la *Bundespolizeipresidium*

---

36   Javier Veiga Vacchiano, «El TJUE limita nuevamente las denegaciones de ejecución de las OEDEs», *The Economist & Jurist*, 12-08-2023.

(Cuartel General de la Policía Alemana) elaboraron un informe sobre la presencia del crimen organizado en el país *(National Situation Report, Organised Crime)*. Amén de constatarse un aumento de las infracciones cometidas por estructuras delincuenciales en el país (siempre tomando como referencia la definición alemana de organización de dicho reporte[37]), más de un 32 % de las operaciones policiales han supuesto la desarticulación de organizaciones criminales de envergadura (de entre 10 a 50 miembros[38]).

Las organizaciones criminales que gozan de una cada vez mayor implantación son las mafias italianas: el informe refleja que en el año 2018 más de 120 miembros de la 'Ndrangheta, más de 22 miembros de la Camorra y más de 41 miembros de Cosa Nostra fueron detenidos en territorio alemán. Los datos comparados del año 2017 son contundentes: ni la tercera parte de esas cifras de detenidos se alcanzaron.

5.3. El investigador penal en la Unión: La Fiscalía Europea frente a la delincuencia organizada

5.3.1. Contexto y pilar fundacional de la Fiscalía Europea

La consolidación del espacio de Libertad, Seguridad y Justicia pasa necesariamente por continuar dotando a los Esta-

---

37 "Organised Crime is the planned commission of criminal offences determined by the pursuit of profit or power which, individually or as a whole, are of considerable importance if more than two persons, each with his/her own assigned tasks, collaborate for a prolonged or indefinite period of time: i) by using commercial business or business-like structures; ii) by using force or other means of intimidation; iii) by exerting influence on politics, the media, public administration, judicial authorities oir the business sector."

38 "In roughly two thirds of the OC (Organised Crime) investigations, the groups consisted of up to ten suspects (65.8 %, whereas in 2017, 66.8 %). In 32 % of the investigations, they counted eleven to fifty suspects (in 2017, 30,4 %), and in 1,5 % of the investigations more than 50 suspects (in 2017, 1,2 %). The smallest group consisted of three members, the largest, 135 members."

dos Miembros y a las instituciones de la Unión de medios jurídicos que permitan su preservación. Instrumentos que articulen garantías a los ciudadanos de la Unión en su día a día, manteniendo la integridad de sus intereses, que no dejan de ser los de la organización a la que pertenecemos. Uno de tales medios es el conocido principio de cooperación judicial en materia penal. No puede ponerse énfasis suficiente en el hecho de que la lucha aislada contra la delincuencia transnacional es absolutamente inútil, pues al no conocer ésta fronteras y si quedase el Derecho UE en compartimentos estancos resultaríamos atados de pies y manos. Por no hablar del desajuste de resoluciones judiciales o de actuaciones policiales.

El artículo 82.1 del TFUE prevé que esta cooperación penal se basará en el principio de reconocimiento mutuo de las sentencias y resoluciones judiciales e incluye la aproximación de las disposiciones legales y reglamentarias de los Estados miembros. Ésa es la piedra angular sobre la que descansa otro de los instrumentos de ámbito europeo para hacer frente al crimen organizado: La Fiscalía Europea. No obstante, es de notar que es un instrumento de carácter limitado, y ahora mismo veremos por qué.

El artículo 86 del TFUE dispone que «*para combatir las infracciones que perjudiquen a los intereses financieros de la Unión, el Consejo podrá crear, mediante reglamentos adoptados con arreglo a un procedimiento legislativo especial, una Fiscalía Europea a partir de Eurojust*». De esto se colige que las funciones de la institución estarán constreñidas única y exclusivamente en relación con la represión de las organizaciones estructuradas, en tanto que estas atenten contra los intereses financieros de la Unión. Dicho en romano paladino, si las mafias llevan a cabo conductas que toquen los fondos de las instituciones europeas, intervendrán los fiscales europeos.

Para la aprobación del Reglamento que rige la Fiscalía se exige por el artículo 86.1 *in fine* TFUE la unanimidad del Consejo de la Unión, previa aprobación del Parlamento. El 7 de febrero de 2017, el Consejo registró la falta de unanimidad sobre el proyecto de reglamento, por lo que el 9 de marzo de 2017 17 Estados miembros llevaron al Consejo Europeo, vía Consejo, el proyecto de Reglamento donde nuevamente no se contó con la unanimidad requerida.

Finalmente, el 3 de abril de 2017 Alemania, Bélgica, Bulgaria, Chipre, Croacia, Eslovaquia, Eslovenia, España, Finlandia, Francia, Grecia, Lituania, Luxemburgo, Portugal, República Checa y Rumanía, comunicaron al Parlamento Europeo, al Consejo y a la Comisión ex. art. 329.1 TFUE que deseaban establecer una cooperación reforzada para la creación de la Fiscalía Europea, con lo que se colmaba de sobra el requisito del artículo 86.1 párrafo tercero que exigía que al menos nueve Estados miembros solicitaran la cooperación en la materia. Ya posteriormente, el 1, el 9 y el 22 de junio de 2017, se unieron Letonia, Estonia, Austria e Italia, a la participación en el establecimiento de la cooperación reforzada. Dado que el artículo 328.1 TFUE permite que otros Estados Miembros que no sean inicialmente parte del mecanismo puedan serlo, no es un listado de países numerus clausus, pudiendo fortalecerse con nuevos integrantes.

Al abrigo del apartado 2 del artículo 20 del Tratado de la Unión Europea y del apartado 1 del artículo 329 del TFUE se entendió conferida la autorización al estricto ámbito previsto en el Reglamento. Ya ha cobrado pues vida la nueva norma: Reglamento UE 2017/1939, del Consejo de 12 de octubre de 2017, por el que se establece una cooperación reforzada para la creación de la Fiscalía Europea.

El fin de toda cooperación reforzada no es otro que impulsar los objetivos de la Unión, proteger sus intereses y reforzar su proceso de integración, y ello sólo puede lograrse mediante una norma emanada de las instituciones europeas, dada la disparidad de los ordenamientos jurídicos de los Estados y en virtud de los principios de subsidiariedad y proporcionalidad. Así, el considerando 12 del Reglamento establece lo siguiente:

«De conformidad con el principio de subsidiariedad, las infracciones que perjudiquen a los intereses financieros de la Unión, debido a su dimensión y efectos, se pueden combatir mejor a escala de la Unión. La situación actual, en la que el ejercicio de la acción penal por infracciones contra dichos intereses recae exclusivamente en las autoridades de los Estados miembros de la Unión Europea, no siempre es suficiente para lograr el mencionado objetivo. Dado que los objetivos del presente Reglamento, a saber, intensificar la lucha contra infracciones que perjudiquen a los intereses financieros de la Unión mediante la creación de la Fiscalía Europea, no pueden ser alcanzados de manera suficiente por los Estados miembros de la Unión Europea, debido a la fragmentación de los procesos penales nacionales relativos a las infracciones contra dichos intereses, sino que pueden lograrse mejor a escala de la Unión, puesto que la Fiscalía Europea tendrá competencias para ejercer la acción penal por tales infracciones, la Unión puede adoptar medidas, de acuerdo con el principio de subsidiariedad establecido en el artículo 5 del TUE. De conformidad con el principio de proporcionalidad establecido en el mismo artículo, el presente Reglamento no excede de lo necesario para alcanzar dichos objetivos y garantiza que su repercusión en los sistemas jurídicos y estructuras institucionales de los Estados miembros sea lo menos intrusiva posible».

Tras la salida del Reino Unido de la Unión Europea, el 31 de enero del año 2000, y sin perjuicio de los acuerdos en materia de cooperación policial y judicial que puedan seguir en vigor tras el pacto UE-Reino Unido, la actuación de la Fiscalía Europea queda absolutamente vedada en territorio británico. No existen Fiscales europeos delegados ni Fiscales europeos principales británicos, sin perjuicio de que en materia de crimen organizado existen mecanismos establecidos por sus autoridades fiscales. Así, el *Crown Prosecution Service* (La Fiscalía de la Corona) ha articulado una Estrategia común con el Ministerio del Interior (Home Office) consistente en la disrupción de las actividades criminales organizadas, la persecución de los activos en posesión de tales organizaciones, y la colaboración con otros Estados en dichas misiones.

El CPS mantiene a día de hoy una Sección Especial de la Fiscalía *(Organised Crime Division)*, con sede en las ciudades de Londres y Birmingham; 13 unidades de casos complejos *(Complex Casework Units (CCU's))*, distribuidas en las distintas regiones del país en las que opera su Sección Especial; y la División Internacional de la Fiscalía en abierta cooperación con sus homólogos. En este aspecto, podemos destacar a los Fiscales británicos de enlace, a los Asesores de la Corona en Justicia Criminal y de Recuperación de Activos (*Liaison Prosecutors, Criminal Justice Advisors and Asset Recovery Advisors*, respectivamente).

5.3.2. Principios de actuación de la Fiscalía Europea

Como ya anticipé anteriormente la Fiscalía Europea se basa, como en toda institución europea, en la leal cooperación entre aquélla y las Instituciones Europeas. Del mismo modo, tanto la Fiscalía Europea como las autoridades nacionales competentes deben apoyarse e informarse mutuamente con el fin de luchar con eficacia contra las infracciones incluidas en el ámbito de competencia de la Fiscalía (considerando 14 del Reglamento).

Las investigaciones y el ejercicio de la acción penal de la Fiscalía Europea se rigen por los principios de proporcionalidad, imparcialidad y equidad hacia el sospechoso o acusado, no solamente en el ámbito reglamentario sino de acuerdo con los propios estatutos de las Fiscalías nacionales (considerando 80 y artículo 5.4 del Reglamento). Ello supone que los Fiscales Europeos y sus delegados deberán buscar todo tipo de pruebas, tanto inculpatorias como exculpatorias, ya sea motu proprio o a petición de la defensa, en la averiguación del delito. Y como no puede ser de otra manera, la Fiscalía Europea se regirá en el desempeño de sus funciones conforme a los principios de estricta legalidad y proporcionalidad (artículo 5.2 del Reglamento), y garantizarán los derechos de los ciudadanos de la Unión (artículo 5.1 del Reglamento, en relación con el artículo 6 TUE y Título VI de la Carta de Derechos Fundamentales de la Unión).

La Fiscalía Europea iniciará y llevará a cabo sus investigaciones sin retrasos injustificados (artículo 5.5 del Reglamento), por lo que las dilaciones indebidas por causa imputable a las autoridades que la integran no resultan en modo alguno admisibles.

Dado que la Fiscalía Europea surge de Eurojust, necesariamente ha de cooperar con esta red de Jueces, Magistrados y Tribunales europeos, consagrándose este principio en el artículo 3 del Reglamento. La cooperación se manifiesta entre iguales, pues es una Institución que goza de personalidad jurídica propia y es independiente en el ejercicio de su misión (artículos 3.2 y 6 del Reglamento).

5.3.3. Estructura de la Fiscalía Europea

Con su sede en la ciudad de Luxemburgo, se articula como un órgano indivisible, único para todo el territorio de la Unión Europea que ha aceptado el marco de la cooperación reforzada, si bien su estructura es algo compleja al encontrarse organizada en un nivel central y un nivel descentralizado (ex. art. 8.1 y 2 del Reglamento):

– El nivel central (art. 8.3 del Reglamento), cuya sede se encuentra en Luxemburgo, está formado por: el fiscal general europeo (actualmente en el cargo Laura Codruţa Kövesi); 22 fiscales europeos (uno por cada país de la UE participante), dos de los cuales desempeñarán la función de fiscales adjuntos del fiscal general europeo (en la actualidad son los fiscales europeos de Alemania e Italia); y el director administrativo. El fiscal general europeo, junto con los 22 fiscales europeos, forma el Colegio de la Fiscalía Europea.

Los fiscales europeos y el director administrativo cuentan con la asistencia en su trabajo de diferentes expertos en diferentes materias: administrativa, técnica, operativa y técnica-legal.

– El nivel descentralizado (art. 8.4 del Reglamento) lo conforman los Fiscales Europeos Delegados, que estarán establecidos en los Estados miembros, de los 22 Estados miembros de la UE participantes. El nivel central supervisará las investigaciones y las actuaciones judiciales penales incoadas a nivel nacional por los FDE, que actúan con total independencia de sus autoridades nacionales.

– La cooperación entre ambos niveles es absolutamente plena. Tal es así que, conforme al artículo 8.5 del Reglamento la oficina central y los Fiscales Europeos Delegados contarán con la asistencia del personal de la Fiscalía Europea para el desempeño de sus funciones con arreglo al presente Reglamento.

– El Tribunal de Justicia de la Unión Europea, con carácter prejudicial, tiene competencias residuales para garantizar una aplicación coherente del Derecho de la UE. En este caso, sobre las disposiciones del Reglamento 2017/1939.

El Colegio de la Fiscalía Europea estará compuesto por el Fiscal General Europeo y un Fiscal Europeo por Estado miembro. El Fiscal General Europeo presidirá las reuniones del Colegio y será responsable de su preparación (artículo 9.1 del Reglamento). El Colegio se reunirá con regularidad y será responsable del seguimiento general de las actividades de la Fiscalía Europea. Adoptará decisiones sobre asuntos estratégicos y sobre cuestiones generales que surjan de casos particulares, en especial con el fin de garantizar la coherencia, eficiencia y sistematicidad de la estrategia de acción penal de la Fiscalía Europea en los Estados miembros, al igual que sobre otros asuntos indicados en el presente Reglamento (artículo 9.2 del Reglamento). Es el Colegio el que, a propuesta del Fiscal General y de conformidad con el Reglamento Interno de la Fiscalía Europea, designará las Salas Permanentes (artículo 9.3 del Reglamento).

Asimismo, es el Colegio el que adoptará el reglamento interno de la Fiscalía Europea, de conformidad con el artículo 21, y establecerá las responsabilidades en cuanto al ejercicio de las funciones de los miembros del Colegio y del personal de la Fiscalía Europea (artículo 9.4 del Reglamento).

Las Salas Permanentes, siendo presididas por el Fiscal General, por un Fiscal adjunto al Fiscal General o por un Fiscal Europeo, contarán con dos miembros de carácter permanente y la parte restante se determinará de acuerdo con lo previsto en el Reglamento interno de la Fiscalía Europea y tomando en consideración las necesidades del servicio, según estipula el artículo 10 del Reglamento. Sus funciones son la supervisión y dirección de las investigaciones y acusaciones realizadas por los Fiscales Europeos Delegados, así como de la coordinación de las investigaciones y acciones penales en los asuntos transfronterizos y garantizarán la ejecución de las decisiones tomadas por el Colegio.

El Fiscal General Europeo, que dirige la institución con un mandato no renovable de siete años, organizará los trabajos de la Fiscalía Europea, dirigirá sus actividades, adoptará decisiones de conformidad con el Reglamento y el reglamento interno de la Fiscalía Europea, y representará al órgano ante las Instituciones de la Unión Europea y a los Estados Miembros. Contará, ex. art. 11 del Reglamento 2017/1939, con dos Fiscales adjuntos que lo asistirán o representarán en caso de necesidad.

Las funciones de los Fiscales Europeos, ex. art. 12 del Reglamento, consistirán en la supervisión de las investigaciones y acciones penales de las que sean responsables los Fiscales Europeos Delegados encargados del caso en su Estado miembro de origen, elaborando resúmenes de los casos que supervisen y efectuando propuestas de decisión sobre éstos que han de ser remitidas a las Salas Permanentes.

Por su parte, los Fiscales Europeos Delegados actuarán en nombre de la Fiscalía Europea en sus respectivos Estados miembros y tendrán las mismas potestades que los fiscales nacionales en materia de investigación, ejercicio de la acción penal y apertura de juicios, además y con sujeción a los poderes y al estatuto específicos que les confiere el presente Reglamento y en las condiciones que en él se establecen; serán responsables de las acciones penales ejercitadas y seguirán las instrucciones y direcciones de la Sala Permanente y de su Fiscal Europeo Supervisor (artículo 13 del Reglamento).

Igualmente, los Fiscales Europeos Delegados podrán ejercitar las mismas funciones que los Fiscales nacionales (las previstas, en nuestro caso, en el EOMF), siempre y cuando el ejercicio de las mismas no impida el cumplimiento de la misión que les tiene encomendada el Reglamento.

Huelga decir que, fruto del principio de cooperación leal, las autoridades nacionales competentes asistirán y respaldarán activamente las investigaciones y acusaciones de la Fiscalía Europea.

5.3.4. El crimen organizado y la Fiscalía Europea

La competencia material de la Fiscalía respecto de la delincuencia estructurada viene contemplada en el artículo 22.2 del Reglamento:

> «La Fiscalía Europea también será competente respecto de delitos relativos a la participación en una organización delictiva definida en la Decisión Marco 2008/841/JAI, tal y como esta se haya transpuesto por la legislación nacional, si la actividad delictiva de dicha organización se centra en cometer alguno de los delitos a que hace referencia el apartado 1».

Por el concepto de organización delictiva, retomamos someramente lo previsto en el artículo primero de la DM:

«Se entenderá por organización delictiva»: una asociación estructurada de más de dos personas, establecida durante un cierto período de tiempo y que actúa de manera concertada con el fin de cometer delitos sancionables con una pena privativa de libertad o una medida de seguridad privativa de libertad de un máximo de al menos cuatro años o con una pena aún más severa, con el objetivo de obtener, directa o indirectamente, un beneficio económico u otro beneficio de orden material».

En cuanto a los delitos cometidos por organizaciones delictivas que activan la competencia de esta Institución europea, son los previstos en el apartado primero del artículo 22 del Reglamento, aquellos que perjudiquen a los intereses financieros de la Unión contemplados en la Directiva (UE) 2017/1371, a saber:

– Artículo 3.º de la Directiva, fraude a los intereses financieros de la Unión Europea, englobándose las siguientes conductas:

- En materia de gastos no relacionados con los contratos públicos, cualquier acción u omisión relativa a: i) el uso o la presentación de declaraciones o documentos falsos, inexactos o incompletos, que tenga por efecto la malversación o la retención infundada de fondos o activos del presupuesto de la Unión o de presupuestos administrados por la Unión, o en su nombre; ii) el incumplimiento de una obligación expresa de comunicar una información, que tenga el mismo efecto o iii) la utilización indebida de esos fondos para fines distintos del previsto que motivó su concesión.

- II. En materia de gastos relacionados con los contratos públicos, al menos cuando se cometan con ánimo de lucro ilegítimo para el autor u otra persona, causando una pérdida para los intereses financieros de la Unión, cualquier acción u omisión relativa a: i) el uso o la presentación de declaraciones o documentos falsos, inexactos o incompletos, que tenga por efecto la malversación o la retención infundada de fondos o activos del presupuesto de la Unión o de presupuestos administrados por la Unión, ii) o en su nombre, el incumplimiento de una obligación expresa de comunicar una información, que tenga el mismo efecto; iii) o el uso indebido de esos fondos o activos para fines distintos de los que motivaron su concesión inicial y que perjudique los intereses financieros de la Unión.

• III. En materia de ingresos distintos de los procedentes de los recursos propios del IVA a que se hace referencia en la letra d), cualquier acción u omisión relativa a: i) el uso o la presentación de declaraciones o documentos falsos, inexactos o incompletos, que tenga por efecto la disminución ilegal de los recursos del presupuesto de la Unión o de los presupuestos administrados por la Unión, o en su nombre; ii) el incumplimiento de una obligación expresa de comunicar una información, que tenga el mismo efecto, o iii) el uso indebido de un beneficio obtenido legalmente, con el mismo efecto.

• IV. En materia de ingresos procedentes de los recursos propios del IVA, cualquier acción u omisión cometida en una trama fraudulenta transfronteriza en relación con: i) el uso o la presentación de declaraciones o documentos relativos al IVA falsos, inexactos o incompletos, que tenga por efecto la disminución de los recursos del presupuesto de la Unión; ii) el incumplimiento de una obligación expresa de comunicar una información relativa al IVA, que tenga el mismo efecto; o iii) la presentación de declaraciones del IVA correctas con el fin de disimular de forma fraudulenta el incumplimiento de pago o la creación ilícita de un derecho a la devolución del IVA.

– Artículo 4.º de la Directiva, sobre otras infracciones penales que afectan a los intereses financieros de la Unión Europea, a saber:

• I. El blanqueo de capitales descrito en el artículo 1, apartado 3, de la Directiva (UE) 2015/849, que afecte a bienes procedentes de las infracciones reguladas por la Directiva 2017/1371, debiendo los EM proceder a su tipificación como conducta punible en sus ordenamientos internos. Se trata nada más y nada menos que el blanqueo de activos para la financiación del terrorismo. En los EE.UU, como ya vimos, es la Ley de Reautorización y Mejora de la Ley Patriota de 2005 (en relación con la Ley RICO) la que introduce como conducta de crimen organizado la financiación por parte de la delincuencia estructurada del terrorismo o del llamado «narcoterrorismo». Nos llevaban, pues, unos cuantos años de ventaja.

- II. El cohecho activo y pasivo (el ofrecer dádiva, remuneración, ofrecimiento o promesa a la autoridad o funcionario público en los términos de nuestros arts. 419 y concordantes del Código Penal, o cuando sea la autoridad o el funcionario el que lo solicite).

- III. La malversación de caudales públicos (debemos tener presente la reciente reforma de esta figura en nuestro Derecho Penal en virtud de la Ley Orgánica 14/2022, de reforma del Código Penal, de transposición de directivas europeas y otras disposiciones para la adaptación de la legislación penal al ordenamiento de la Unión Europea, y reforma de los delitos contra la integridad moral, desórdenes públicos y contrabando de armas de doble uso, cuyo contenido tuve la oportunidad de desglosar[39].

En cuanto al concepto de «intereses financieros de la Unión Europea», el artículo primero de la Directiva 2017/1371 los define como «*todos los ingresos, gastos y activos cubiertos por, adquiridos a través de, o adeudados al Presupuesto de la Unión Europea, los presupuestos de las instituciones, órganos y organismos de la Unión creados de conformidad con los Tratados, u otros presupuestos gestionados y controlados directa o indirectamente por ellos*».

La competencia de la Fiscalía Europea, respecto del crimen organizado, debe ser objeto de una interpretación restrictiva, única y exclusivamente respecto de los anteriores delitos, en relación con la DM 2008/841.

De otro lado, no olvidemos que, conforme al Reglamento 2017/1939, cuando se trate de la comisión de delitos contra la Hacienda Pública en afectación a impuestos directos nacionales por parte de delincuencia organizada la competencia para su investigación y enjuiciamiento le corresponderá a las autoridades policiales y judiciales de los Estados Miembros,

---

39   Javier Veiga Vacchiano, «La Ley Orgánica 14/2022, de reforma del Código Penal, y su afectación a la malversación», *Fundación Hay Derecho*, 11 de enero de 2023.

no siendo necesario que la Fiscalía Europea ejerza el derecho de avocación al que se refiere el artículo 9 del Reglamento.

5.3.5. Éxitos de la Fiscalía Europea

Desde la creación de esta institución, no han sido pocas las investigaciones penales que se han venido llevando a cabo en cooperación con las distintas Fuerzas y Cuerpos de Seguridad de los Estados Miembros y con la Oficina Europea contra el Fraude. En el ejercicio de su función directora de la instrucción de las causas penales cuya competencia ostenta en virtud del Reglamento, goza de la facultad de ordenar a las referidas autoridades las órdenes que estimen pertinentes para la averiguación del delito y de sus circunstancias.

Podemos destacar a título ejemplificativo de la eficacia de este organismo europeo de reciente creación las siguientes operaciones, algunas aún sub iudice y otras con condenas dictadas por Tribunales europeos:

1. Operación llevada a cabo en Croacia el de noviembre de 2021 en Croacia, culminando con las detenciones de 4 ciudadanos croatas (entre ellos, el antiguo Ministro responsable de la distribución de los fondos europeos de desarrollo, así como el Director de la Agencia Nacional de Contratación y Financiación), acusados de tráfico de influencias y abuso de poder, en tanto que el primer sospechoso referenciado garantizaba una posición favorable, vía segundo sospechoso, para que terceros licitadores que formaban parte del entramado criminal resultaran adjudicatarios de contratos públicos con fondos europeos por un precio de licitación muy superior al presupuestado, generando un perjuicio a las arcas europeas[40].

2. Los días 29 y 30 de septiembre de 2021, la Fiscalía Europea (con autorización del Juez de Garantías austríaco), en coordinación con su Delegado en Alemania, ha llevado a cabo 6 órdenes de entrada y registro en locales mercantiles en Viena y otras localizaciones,

---

40   European Prosecutors Office Press Release, 11th November 2021 Former minister and 3 others arrested for suspected fraud at Croatian Ministry of Regional Development and EU Funds.

con decomiso de elementos probatorios, por delitos de fraude aduanero (eludiéndose el pago de IVA) respecto de mascarillas FFP2 procedentes de la República Popular China. Las mascarillas eran importadas a través de Frankfurt, por un valor por debajo del real, siendo la diferencia abonada en pagos en negro, eludiendo así los controles fiscales[41].

3. El 21 de febrero de 2023, la Fiscalía Europea llevó a cabo la operación *«Marengo Rosso»*, llevando a cabo 39 registros y ordenando la detención de 17 personas en ocho países (República Checa, Eslovaquia, Italia, Luxemburgo, Hungría, Polonia, Portugal y España) que pertenecían a una organización criminal que tenía su sede en territorio español. La operación, liderada por la Oficina de la Fiscalía Europea en Madrid, perseguía el denominado «fraude en carrusel» del IVA, en transacciones internacionales de teléfonos móviles y otros equipos electrónicos donde no se repercutía realmente su importe, haciendo uso de documentos falsarios y de empresas fantasmas *(Shell companies)*, y resultando en precios más bajos y con perjuicio para los fondos europeos, cifrado en más de 25 millones de euros[42]. Posteriormente, esos beneficios habrían sido blanqueados y reinvertidos en bienes inmuebles de alto valor en diferentes países, entre ellos Chequia, Italia y Portugal, según las diligencias practicadas.

En la operación han colaborado la Policía Nacional, la Guardia Civil, la Agencia Tributaria Española, Guardia di Finanza y la Policía Estatal italiana, la Guardia Nacional Republicana, la Agencia Nacional Checa contra el Crimen Organizado y su homóloga eslovaca, la Policía Judicial Luxemburguesa, y la Agencia tributaria húngara y su Fiscalía General.

4. El 10 de mayo de 2023, el Tribunal Regional de Ostrava, en la República Checa, condenó al administrador y a su

---

41 European Prosecutors Office Press Release, 1st of October 2021, "EPPO conducts searches in Austria as part of cross-border investigation into customs fraud".

42 European Prosecutors Office Press Release, 22nd of February, "EPPO busts €25 million VAT fraud spread across eight countries: 17 arrests, including alleged ringleader".

compañía mercantil por delito de fraude de subvenciones europeas, resultando en un perjuicio de unos 74.000 euros (más de un millón y medio de coronas checas), desglosados en 60.900 euros correspondientes a ayudas directas, y unos 13.300 euros correspondientes a ayudas europeas por la afectación del COVID. La compañía solicitó y obtuvo las subvenciones en el marco de planes para la mejora del empleo y para programas de inserción laboral en el sector de panadería, destinando los importes recibidos a otros fines.

5. El 10 de agosto de 2023, la Oficina de la Fiscalía Europea en Sofia, Bulgaria, llevó a cabo numerosas entradas y registros en locales, en una investigación que tenía por objeto una financiación de 241 millones de euros en la modernización de las redes ferroviarias. Funcionarios del Directorio de la Policía Nacional de Bulgaria, y de su Agencia de Seguridad Nacional, llevaron a cabo los registros en las ciudades de Sofia, Varna, Stara Zagora, Smolyan y Pazardzhik, bajo órdenes y en cooperación con la Fiscalía Europea. Los contratistas, a quienes fueron destinados los fondos, están acusados de haber efectuado transferencias bancarias sucesivas a compañías instrumentales, desde las que se efectuaron retiradas de efectivo por parte de individuos con antecedentes penales no autorizados para ello[43].

---

43 European Prosecutors Office Press Release, 11th August 2023, "Bulgaria: EPPO carries out searches in probe into railway works over 241 million euros".

6

LA LUCHA DEL ESTADO ITALIANO CONTRA *DEI MAFIOSI*

«Hablar con los jóvenes, con la gente, contarles quiénes son los mafiosos y cómo se enriquecen es parte de los deberes de un juez. Sin una nueva conciencia, nosotros solos nunca lo lograremos».

Rocco Chinnicci
Fiscal Antimafia de Palermo

6.1. Antecedentes históricos de la Mafia

6.1.1. Los remotos orígenes de la Associazione mafiosa

El epicentro en la línea del tiempo en el que situar el auténtico y genuino concepto de mafia en Italia es tan difuso que no es posible situarlo milimétricamente. Podemos encontrar múltiples orígenes, tanto en la antigüedad como ya en la Edad Contemporánea.

En la Roma republicana, bandas criminales regían los destinos de algunos de los distritos más relevantes de la urbe capitolina, como por ejemplo el monte Aventino; siendo utilizadas por los diversos *equites*, senadores, *praetores* (pretores) o de los *Tribuni* (mandos militares romanos) con el fin de controlar a la plebe y lograr sus propósitos de poder, siendo el máximo exponente el escenario post guerra civil romana entre Cayo Julio César y Cneo Pompeyo el Magno. Al fin y al cabo, afianzar la posición de cada partidario y silenciar al contrario requerían recursos que no podían provenir de instituciones públicas neutrales. Dada la ausencia de una figura como los antiguos soberanos de la ciudad, o de una autoridad imperial que impidiese la existencia de organizaciones que actuasen contra los intereses del emperador, el espacio que podían ocupar con impunidad era claro.

La *Lex Iulia de Colegiis*, cuyo autor se desconoce plenamente aunque tiene un marcado acento de la etapa imperial, supuso el primer paso para acabar con los *collegia* o gremios colegiados ante su ostensible poder y capacidad de influencia, ya fueran los oficiales u otras asociaciones al margen de la ley y de los *praetores*, siendo preservados solamente los más tradicionales y los de carácter religioso, en concordancia con las tradiciones politeístas. El Emperador Augusto, durante su reinado en el siglo I d.c., acordó la constitución e implementación de las *cohors urbanorum*, unidades armadas encargadas de la guarnición de la ciudad, y de las *cohors vigilum*, unidades responsables tanto de la extinción de fuegos como de la vigilancia en las calles romanas, elementos personales que garantizaban que la criminalidad existente no rebasase límites que supusieran una amenaza al Imperio.

Demos un salto en el tiempo, durante el dominio español del territorio italiano. Es una época en la que surgen en secreto las sociedades de *malavitosi*, cuya traducción vendría en ser quienes se dedican a la mala vida, las bandas criminales que proliferaban en los territorios dependientes de la Corona Española del siglo XVI al siglo XVIII: los reinos de Cerdeña, Nápoles y Sicilia, el Ducado de Milán, el Marquesado de Finale, el Principado de Piombino y los Presidios de Toscana. Los campos y pueblos de los entornos del *mezzogiorno* italiano o ciertas ciudades post feudales eran un caldo de cultivo para que grupos organizados empezaran a actuaran en la sombra ajenos a las autoridades.

En este sentido y a título ejemplificativo, con descripción minuciosa y con todo lujo de detalles históricos, la Magistrada Yolanda Pardo González afirma que el origen de la Camorra se encuentra en la Nápoles ocupada por la España del momento, siendo el único fenómeno mafioso en particular que tiene un origen urbano frente al carácter rural o latifundista de los demás como Cosa Nostra siciliana o 'Ndrangheta calabresa[44].

---

44   Yolanda Pardo González, *Las Mafias Italianas, Estudio Criminológico y de los principales procesos judiciales: del maxiproceso de Palermo a la*

En el siglo XIX la consolidación de estas agrupaciones de ciudadanos de dudosa reputación fue un elemento común, aunque no la finalidad.

Así, como señala Pardo González, en i) Sicilia proliferan los *gabelloti*, los capataces del campo encargados por los grandes propietarios de tierras de la custodia de sus fincas, quienes acabaron por recurrir a métodos violentos para el cumplimiento de su tarea, en el auge de la rebelión de Giuseppe Garibaldi; en ii) Nápoles, con carácter previo al *Risorgimento*, en la primera mitad del siglo XIX surgen personajes como Pasquale Capuozzo, quien promovió una reunión secreta en la iglesia de Santa Caterina en Formello en el corazón de Nápoles en la que pretendía salir investido, haciendo uso de medios violentos, como líder de un movimiento pseudo-bandoleril que le aupase a la sindicatura de la ciudad (la Alcaldía); en iii) Calabria, existen registros de condenas de los Tribunales de la época frente a los integrantes del clan de los Piccioti, una agrupación de ciudadanos que compartían reglas basadas en la violencia, una vestimenta distintiva y un fin lucrativo.

6.1.2. El Fascismo y la Mafia, un binomio complicado. El escenario de posguerra

Otro salto adelante (y no, no el del líder de China Mao Tse-Tung) y nos ubicamos en la segunda década del siglo XX. Italia vive tiempos convulsos. Tras terminar la Gran Guerra (como se denomina en Francia a la Primera Guerra Mundial) y tras combatir en el bando de los Imperios Centrales y la Triple Entente después, con el grave costo de batallar a los austríacos en los Alpes y en la región de Trieste, el país se hallaba en un momento muy delicado.

Los británicos y franceses no cumplieron con los compromisos que alcanzaron en virtud del Pacto secreto de Londres del 26 de abril de 1915, consistentes en conceder a Italia la práctica totalidad de la costa dálmata y los territorios del Imperio Austrohúngaro que eran habitados por italianos. Las exiguas ganancias territoriales, fundamentalmente en islas o ciudades adyacentes al Mar Adriático, y los casi inexistentes

Mafia Capitale Romana, Editorial Dyckinson, 2020.

beneficios económicos unidos al endeudamiento externo, la hiperinflación y los problemas comerciales de transporte y abastecimiento en el escenario de posguerra fueron el caldo de cultivo para el surgimiento de una fuerza política nueva en 1919.

Un antiguo profesor, originario de la Emilia-Romagna, de fuertes convicciones socialistas, veterano de la guerra y belicista patriótico capitalizó el descontento de una sociedad resentida por un conflicto que no reportó nada a pesar de la sangre invertida. Benito Amilcare Mussolini funda, aupado por un considerable respaldo popular, los *Fasci di Combattimento*, el brazo militar del Partido Nacional Fascista italiano que en el año 1922, tras salir y denunciar al Gobierno socialista con el que regían el país en coalición, marcharon sobre Roma. Tras la negativa del Rey Vittorio Emmanuele III a firmar el decreto que suponía la militarización y el Estado de sitio, la concentración de paramilitares del Partido Fascista y los crecientes disturbios llevaron al monarca a entregar el poder a Mussolini el 29 de octubre de 1922.

Casi 4 años después, llegaron las leyes que supusieron la ruptura total con la democracia y la adhesión total de los poderes públicos con el ideario fascista. El siguiente estatuto jurídico fue la base de actuación contra el crimen organizado durante la Italia fascista:

– *Legge di 26 novembre dal 1925, n. 2029, Regolarizzazione dell'attivita' delle Associazioni, Enti ed Istituti e dell'appartenenza ai medesimi del personale dipendente dallo Stato, dalle Provincie, dai Comuni e da Istituti sottoposti per legge alla tutela dello Stato, delle Provincie e dei Comuni*: esta norma en esencia suponía que a requerimiento de la Seguridad del Estado, debían las asociaciones, entes e Institutos del Reino de Italia comunicar sus Estatutos, sus acuerdos, los reglamentos internos y listados de socios y directivos[45] so pena

---

45   "Articolo 1.°: Le Associazioni, Enti ed Istituti costituiti od operanti nel Regno e nelle Colonie sono obbligati a comunicare alla autorita'di pubblica sicurezza l'atto costitutivo, lo statuto e i regolamenti interni, l'elenco nominativo delle cariche sociali e dei soci, e ogni altra notizia intorno alla loro organizzazione ed attivita' tutte le volte che ne vengono richiesti dalla autorita' predetta per ragioni di ordine o di sicurezza publica. L'obbligo della comunicazione spetta a tutti coloro che hanno funzioni direttive o di rappresentanza delle Associazioni,

de disolución, prisión a determinar posteriormente (nótese aquí la quiebra de los principios de legalidad y de taxatividad de la norma penal en una dictadura) y multas de miles de liras.

Naturalmente, las organizaciones y asociaciones de corte mafioso que ya gozaban de una implementación de siglos, no entran en el patrón de control y adhesión a la seguridad estatal que prevé la norma, por lo que serán fuertemente perseguidas por el Régimen de Mussolini.

- *Legge di 24 dicembre dal 1925, n. 2300, Dispensa dal servizio dei funzionari dello Stato*: prevé que todos los funcionarios, tanto civiles como militares del Estado italiano, que no manifiesten en el ejercicio de sus cargos y fuera de éste su adhesión al cumplimiento de sus deberes y a las directivas políticas del gobierno[46]. En definitiva, Mussolini y su Gobierno se garantizaron que las fuerzas y cuerpos de seguridad del Estado fascista italiano acatarían las instrucciones recibidas en el ámbito del orden público y la seguridad ciudadana, y quienes se manifestaren en contra serían removidos del cargo con efectos inmediatos.

- *Legge di 4 febbraio dal 1926, n. 237, Istituzione del Podesta' e della Consulta municipale nei Comuni con popolazione non eccedente i 5000 abitanti*: por mandato legal, en aquellas poblaciones cuyo límite poblacional no exceda de los 5000 habitantes, las funciones del Síndico (Alcalde) del Consejo Municipal y de las Comunas locales serán ejercidas por la figura del *Podestà*, una suerte de caudillo local, quien puede recibir el parecer no vinculante del Consejo municipal. El Podestà será designado por el Prefecto, y ostentará las facultades

---

Enti od Istituti, nelle sedi centrali e locali, e deve essere adempiuto entro due giorni dalla notifica della richiesta."

46 "Articolo 1.°: Fino al 31 dicembre 1926 il Governo del Re ha facolta' di dispensare dal servizio, anche all'infuori dei casi preveduti dalle leggi vigenti, i funzionari, impiegati ed agenti di ogni ordine e grado civili e militari, dipendenti da qualsiasi Amministrazione dello Stato, che, per ragioni di manifestazioni compiute in ufficio o fuori di ufficio, non diano piena garanzia di un fedele adempimento dei loro doveri o si pongano in condizioni di incompatibilita' con le generali direttive politiche del Governo. La dispensa e' pronunciata con decreto Reale, su proposta del Ministro competente."

que éste considere pertinentes[47].

Por tener un punto de comparación con nuestro ordenamiento vigente, el Prefecto italiano de esta época (así como el francés actual) equivaldría al Delegado del Gobierno en la región, pero con más amplios poderes.

- *Regio Decreto di 6 novembre dal 1926, n. 1848, approvazione del testo unico delle leggi di pubblica sicurezza*: destacamos el Título II de este Real Decreto, entre otras cuestiones, establecía la absoluta prohibición de la tenencia de armas de guerra o de cualesquiera de sus partes o componentes, así como de uniformes militares sin la correspectiva autorización del Ministerio del Interior o del Prefecto de la región gubernamental cuando se trate de su porte en vía pública; igualmente, las reuniones en lugares públicos o que se encuentren abiertos al público debía comunicarse a la autoridad pertinente del Ministerio del Interior para que la autorice o la deniegue en el plazo de tres días . El quebrantamiento de estas prescripciones podía acarrear una pena de arresto de hasta tres años y sanciones económicas que se contaban en miles de liras[48].

---

47   "Articolo 4.°: I consultori municipali, il cui numero, determinato per ciascun Comune dal Prefetto, non puo' essere inferiore a sei, sono nominati con decreto prefettizio, per un terzo direttamente, e per due terzi su designazione degli Enti economici dei sindacati e delle associazioni locali. Il Prefetto determina altresi', gli Enti economici, i sindacati e le associazioni locali, ai quali compete la designazione, ed il numero dei rappresentanti a ciascuno assegnati. Gli Enti economici, i sindacati e le associazioni locali designano tre nomi per ogni rappresentante assegnato."
"Articolo 5.°: Il Podesta' esercita le funzioni che la legge comunale e provinciale conferisce al sindaco, alla Giunta ed al Consiglio comunale. La Consulta municipale ha attribuzioni meramente consultive; essa da' parere su tutte le materie che il Podesta' crede di sottoporle."

48   "Articolo 17.°: I promotori di una riunione in luogo pubblico o aperto al pubblico devono darne avviso, almeno tre giorni prima, alla autorita' dipubblica sicurezza del circondario. E' ritenuta pubblica, anche la riunione indetta per invito in forma privata, quando per il luogo designato, per il numero delle persone invitate o per lo scopo od oggetto della riunione sia da escludere il carattere privato della riunione stessa. I contravventori sono puniti con l'arresto non inferiore a un mese e con l'ammenda non inferiore a L. 1000."
"Articolo 27.°: Oltre i casi previsti dal Codice penale, sono proibite,

Como puede deducirse, se trata efectivamente de prohibiciones que perturbaban seriamente las actividades de los grupos mafiosos organizados: la posesión de armas en concepto de capacidad de intimidación, o la reunión en lugares abiertos al público para la concertación de sus actividades criminales estaba mermada, si bien es cierto que con un gravísimo perjuicio para los titulares de derechos fundamentales y libertades públicas que eran los ciudadanos de a pie del Reino de Italia.

- *Legge di 31 gennaio dal 1926, n. 100, sulla facolta' del potere esecutivo di emanare norme giuridiche*: En virtud de esta ley se le atribuyó a Mussolini, en calidad de Presidente del Consejo de Ministros de la Nación, la potestad de dictar normas jurídicas sin necesidad de pasar por trámite parlamentario alguno (el equivalente jurídico actual en nuestro país sería la figura de los Decretos Legislativos, con muchas salvedades), con especial incidencia en el ámbito de los servicios públicos o instituciones del Estado.

Esto, naturalmente, facultaba a que fuera el propio Gabinete dirigido por el llamado *Duce* de dictar las correspondientes directrices a los servicios de seguridad del Ministerio del Interior, y en particular a la *OVRA (Organizzazione per la Vigilanza e la Repressione dell'Antifascismo)*, para reprimir a todos aquellos que actuaren contra el Ejecutivo italiano del momento. La *OVRA*, si bien estaba creada para actuar contra el movimiento antifascista en general y los activistas de la izquierda, estaba lista para ser empleada como auxilio para repri-

---

senza licenza del Ministro per l'interno, la raccolta e la detenzione di armi da guerra e delle armi tipo guerra, nazionali e straniere, o di parti di esse, di munizioni, di uniformi militari o di altri oggetti destinati all'armamento ed all'equipaggiamento di truppa.

Tale licenza e', altresi', necessaria per la fabbricazione, l'importazione e l'esportazione delle armi predette o di parti di esse, di munizioni, di uniformi militari o di altri oggetti destinati all'armamento o all'equipaggiamento di truppa.

Per il trasporto delle armi stesse nell'interno del Regno e' necessario darne avviso al Prefetto.

Il contravventore e' punito, ove il fatto non costituisca reato piu' grave, con l'arresto da tre mesi a tre anni e con l'ammenda non inferiore a L. 3000."

mir a los grupos mafiosos, que en no pocas ocasiones colaboraron con agentes internos y externos contrarios a Mussolini.

No podemos terminar este análisis histórico-jurídico sin hacer alusión a la mafia en la Sicilia de la segunda década de 1900. Por todo lo que hemos señalado anteriormente, el Régimen fascista contaba con amplios instrumentos jurídicos y pseudo-jurídicos con los que aplastar la disidencia. Y esa disidencia pasaba por aquellas agrupaciones de corte local que en los siglos anteriores habían buscado el control del poder político y de la propiedad. El crimen organizado no dejaba de constituir un obstáculo para el fascismo, para su penetración en el tejido social. Había llegado pues el momento de utilizar el puño y la sangre.

El 2 de junio de 1924 se nombraba a Cesare Mori como Prefecto de la ciudad de Trapani, con facultades omnipotentes de orden público en toda la isla de la Sicilia. Mori, curiosamente, fue uno de los pocos jefes policiales que durante los graves disturbios que causaban los *Fasci di Combattimento* en el país ordenó detenciones y disoluciones de concentraciones. Es posible que Mussolini viera en él a un «policía de raza», alguien con mano dura para implantar un férreo orden en tierras sicilianas, amén de que no siendo siciliano no podía tener conexiones sentimentales que dificultasen la labor que tenía por delante.

Tras recabarse evidencias históricas, los medios italianos afirman que el llamado «Prefecto de hierro» *(Prefetto di ferro)* llevó auténticas campañas cuasi militares contra las poblaciones sicilianas:

«La provincia de Trapani fue grave y violentamente afectada por las acciones antimafia del régimen, hasta tal punto que algunos fascistas de Trapani presentaron una petición al Duce, quejándose de los métodos excesivamente rígidos adoptados por Mori y pidiendo su destitución. En respuesta, todos los autores de la petición serán expulsados del Partido Nacional Fascista (PNF). De hecho, Mussolini siempre apoyará al Prefecto con convicción y enérgicamente en sus acciones, haciéndole sentir su confianza y otorgándole "carta blanca" en la acción represiva. [...] famosa es la acción contra la ciudad de Gangi en diciembre de 1925, cuando un ejército de carabineros y policías, para un total de unos 800 hombres, después de diez días de asedio, La ciudad fue invadida: se registraron todas las casas y se arrestó a más de 400 personas, incluido el jefe de la mafia Vito Cascio Ferro. Otra acción importante fue la del 20 de diciembre de 1926 en Corleone, que fue sitiada y arrestada por decenas de personas[49]».

En su cruzada contra la Mafia, Mori utilizará métodos decididos y drásticos, siguiendo en la vida civil la estela del General Graziani contra los libios sublevados en el desierto ocupado): por ejemplo, procedió a la incautación de bienes sin procedimiento judicial contradictorio de sus propietarios, con independencia de que el presunto *mafiosi* fuera o no culpable, el arresto de los familiares del fugitivo o incluso la colocación de policías en la casa de los integrantes mafiosos. Esto resultaba demoledor, pues el sustento de las familias de la época pesaba sobre los varones de la familia del delincuente, que tenían que volver en algún momento al domicilio con el producto de su labor. De este modo el mafioso acababa por entregarse a las autoridades dirigidas por Mori.

Este tipo de acciones tuvieron una serie de consecuencias: en primer lugar, que las actividades de las organizaciones mafiosas en Sicilia (así como en otras partes del territorio italiano) se vieron francamente cercenadas o anuladas; en segundo lugar, muchos de los mafiosos pasaron a la clandestinidad para evitar las detenciones (lo cual no era difícil dada la orografía de la isla), escondiendo sus armas para evitar nuevas imputaciones a las cue ya se les estaban dirigiendo por las fuerzas de seguridad de Mori; en último lugar, algunos de los mafiosos optaron por tomar barcos de transporte desde Palermo, Catania, Cefalù o Messina con rumbo a los Estados Unidos de América, donde no existía ni por asomo una represión de sus actividades ilícitas como sí existía en su madre patria.

Los que permanecieron en el país debieron pasar a la clandestinidad si querían eludir la acción de las autoridades fascistas. Y esta clandestinidad se prolongaría hasta los días 9 y 10 de julio de 1943, cuando los Aliados (estadounidenses, británicos, canadienses) iniciaron la *Operación Husky*: la

---

49   Vicente Roberto Cassaro, "El Prefecto de Hierro Cesare Mori: Cuando el Fascismo intentó luchar contra la Mafia", *IlSicilia.it*, 5 di novembre 2018.

invasión de Italia a través de la Isla de Sicilia. Era el momento que muchos criminales del hampa estaban esperando no solamente para librarse del yugo de Mussolioni, sino también para hacerse con un poder económico y social como nunca habían tenido.

Si bien los altos mandos de inteligencia de las fuerzas aliadas contaban con planos de la orografía del terreno, desconocían los intrincados «*pasettos*», carreteras y caminos que atraviesan por doquier la isla, así como las guarniciones alemanas e italianas. Por lo tanto, era absolutamente necesario contar con ojos sobre el terreno que les pudiesen auxiliar, evitando el máximo número de bajas y garantizar el éxito de la operación.

Que se produjo una colaboración entre los aliados y la mafia es algo que no puede ponerse en duda. Son muchos los ejemplos documentados de ello. David López Cabía apunta a un vínculo entre el mafioso Salvatore Lucania, más conocido como *Lucky Luciano*, o Vito Genovese. El primero, cumplía una pena de 30 años de prisión en los Estados Unidos por el delito de proxenetismo (no existía el delito de pertenencia a organización criminal aún en los Estados Unidos) tras una minuciosa investigación ordenada por el Fiscal del Distrito de Manhattan Thomas Dewey. El segundo, se encontraba prófugo de la Justicia estadounidense desde 1937 tras haber ordenado aparentemente el asesinato de rivales en la lucha por el control de Brooklyn.

David López Cabia nos ilustra sobre la cooperación de estos dos mafiosos, que pusieron todos los medios a su alcance para los fines de la Operación Husky:

«Si bien debían contactar con Luciano, el líder mafioso permanecía en prisión, cumpliendo su condena. Tras reunirse con el abogado de Lucky Luciano, accedieron a sus peticiones, trasladándole a una cárcel con mejores condiciones. Luciano respondió a los requerimientos de la Inteligencia Naval y ordenó a sus hombres colaborar con los agentes navales para detectar a posibles saboteadores alemanes en los puertos. Pero la ayuda de la mafia a la hora de garantizar la seguridad en los puertos, no fue la única intervención de Lucky Luciano en la Segunda Guerra Mundial. [...] Así, hay quienes sostienen que Lucky Luciano proporcionó una red de contactos que resultaron de gran ayuda al ejército estadounidense durante la campaña de Sicilia. Por el contrario, otra versión indica que todo fue una noticia falsa difundida por el periodista Walter Winchel. En cualquier caso, lo cierto es que, el Plan Militar de Guerra Psicológica en Sicilia implicaba entre otras cosas recurrir a miembros del crimen organizado para lograr la victoria en la isla italiana[50]».

Del mismo modo, como afirma López Cabia, incluso hubo mafiosi que se beneficiaron tanto con Mussolini como con las fuerzas libertadoras. Un ejemplo de ello es Don Calò, Calogero Vizzini. Este individuo se dedicaba inicialmente al mercado negro de cereales y harina sicilianos para posteriormente ser proveedor de armas y de monturas para el ejército italiano y, finalmente, durante la Operación Husky, llegó a convencer a los Camisas Negras de que se rindieran, aparentemente paseándose en un tanque por la isla. O el propio Genovese, que gracias a los camiones del Ejército de los Estados Unidos pudo transportar sus mercancías de estraperlo y lucrarse fuertemente.

Luciano, al terminar la guerra, se benefició de un trato de favor por parte del nuevo Gobernador de Nueva York (y antiguo Fiscal que logró su condena) Thomas Dewey: su pena de 30 años de presidio se conmutó por la deportación a Italia. Los EE.UU habían pues llegado a un «pacto con el diablo» que tendría graves consecuencias para Italia, la cimentación del crimen organizado en el sur del país. Este es un extracto de las declaraciones que emitió la Fiscalía de Nueva York cuando se planteaba la concesión del beneficio penitenciario a Luciano:

> «La guerra ha terminado. Todo lo que queríamos obtener de Lucky Luciano lo hemos conseguido. Ha sido una importante contribución al esfuerzo bélico del país. Ahora es él quien puede pedir cualquier cosa. Se está planteando que esta Fiscalía declare su conformidad para una liberación anticipada y condicional del detenido Lucania, lo cual es posible[51]».

---

50   David López Cabia, *El oscuro papel de la mafia en la Segunda Guerra Mundial*, 17 de abril de 2022, Blog.

51   "La guerra è finita. Quello che volevamo da Lucky Luciano lo abbiamo avuto, un suo importante contributo allo sforzo bellico del paese. Ora è lui che ci chiede qualcosa. Se mi sta proponendo di dichiarare una disponibilità di questa Procura a una liberazione anticipata e

6.1.3. Un terrible pasado reciente: una lucha «a morti»

A los efectos que nos interesan en esta obra, hay que hacer una cronología para poder comprender el alcance y el impacto que tuvo la mafia ya años entrados en la posguerra. Y como toda historia, trágica o de celebración, tiene un principio: se trata del año 1979, período a partir del cual podríamos decir que los integrantes de las familias mafiosas en Italia no se mataban los unos a los otros, sino que asesinaban a personalidades de las instituciones públicas.

Giorgio Boris Giuliano, jefe de la Unidad Móvil de Palermo fue asesinado mientras tomaba un café en el bar junto a su casa el 21 de julio de 1979. La labor que este subsomisario de la Polizia di Stato italiana fue la base de las futuras investigaciones que dieron lugar al proceso judicial de Palermo. Tanto es así que el Juez Paolo Borsellino hablaba en estos términos de Giuliano en el auto de procesamiento previo al juicio oral:

> «Hay que [...] considerar un reconocimiento a la capacidad investigadora de Giuliano. Sin que esto suene crítico para nadie, hay que reconocer que si otros organismos estatales hubieran comprendido y apoyado adecuadamente el inteligente compromiso investigativo de Giuliano, las estructuras organizativas de la mafia probablemente no se habrían fortalecido tan enormemente y muchos asesinatos brutales, incluido el del mismo Giuliano, no se habrían consumido».

Meses después en Monreale, localidad próxima a Palermo, a las dos de la mañana del cuatro de mayo de 1980 y al acabar una procesión religiosa le tocó el turno al joven capitán de los Carabineros, Emanuele Basile, mientras sostenía en brazos a su hija de 4 años junto a su mujer. Ellas también fallecen por los disparos. Basile estaba investigando el incremento del tráfico de heroína entre Sicilia y los Estados Unidos, pues las Familias de la Mafia en el continente americano hacían tratos con sus homólogos italianos a fin de fortalecer

---

condizionata del detenuto Lucania, le rispondo che è possibile", Carlo Maria Lomartire, *La prima trattativa Stato-mafia: Lucky Luciano e gli Stati Uniti. 1942-1946*, Editoriale Mursia.

sus vínculos financieros y de poder. Posteriormente y como ya dijimos en otro capítulo, la Fiscalía de Nueva York descabezaría completamente a aquéllas.

Sus técnicas investigativas, unidas a las de Giuliano, resultaron cruciales. El reconocimiento a la figura de Basile ha sido una constante por parte de quienes dedicaron su vida a la honradez en el ejercicio de las funciones públicas. Quien fuera Síndico (alcalde) de Palermo, Leoluca Orlando, le dedicó estas palabras a Basile:

> «Han pasado 42 años desde el asesinato del capitán Emanuele Basile, asesinado por la mafia. Un día de recuerdo y sobre todo de memoria que significa compromiso. Compromiso de no olvidar a quienes lucharon con valentía contra el crimen organizado hasta el sacrificio final de la propia vida. A tantos hombres y mujeres de la policía que han hecho una contribución fundamental al cambio cultural de Palermo. Todavía tenemos este gran legado de Emanuele Basile.: el suyo sigue siendo un ejemplo de vida, de visión y de cultura que debemos defender para que la mafia nunca vuelva a gobernar nuestra ciudad».

Los asesinatos de Cosa Nostra adquieren un nuevo cariz al Gaetano Costa, fiscal que investigaba conjuntamente con Giuliano el incremento del tráfico de droga en Sicilia es tiroteado y asesinado en la calle el 6 de agosto de 1980, en pleno centro de Palermo, mientras regresaba a su domicilio.

Desde el momento en que Costa, integrante de la Judicatura-Procura Antimafia, y Basile y Giuliano, miembros especializados del aparato policial italiano, indagaron una de las principales fuentes de financiación de la mafia siciliana, habían firmado sus sentencias de muerte.

Así pues, la investigación sobre la droga le había costado la vida a tres personas. Sin embargo, su sacrificio no sería en balde. Estos hechos acabarán sobre la mesa de un joven magistrado de Palermo: el Juez Giovanni Falcone. Otro magistrado, Paolo Borsellino, se interesaba en la investigación de la muerte de su joven amigo Basile. Las dos investigaciones estaban estrechamente relacionadas y unió a los dos jóvenes magistrados durante más de 12 años, trabajando conjuntamente, mano a mano, en la guerra contra la Mafia.

Entramos en la década de los años 80. En marzo de 1982 el Presidente del Consejo de Ministros, Giovanni Spadolini, nombró como General de los Carabinieros a Carlo Alberto dalla Chiesa, quien sería la máxima autoridad policial en la Isla de Sicilia. Dalla Chiesa era considerado un héroe nacional por su papel contra el terrorismo en los años 70, como comandante militar de la región de Piamonte-Valle de Aosta, creando una estructura antiterrorista en Turín, destinada a luchar contra las Brigadas Rojas. A través de esta estructura logró detener a los terroristas Alberto Franceschini y Renato Curcio, en septiembre de 1974, logrando también la infiltración en esta organización terrorista. Por su currículum, la mafia sabía que no podía dejar ningún margen a la actuación de las Fuerzas y Cuerpos de Seguridad del Estado. Unos ciento veinte días después de su llegada a Palermo, el general dalla Chiesa fue tiroteado junto a su segunda esposa en su coche.

Al inicio de 1982 en Palermo había un asesinato de la Mafia cada tres días, había en curso una verdadera campaña de exterminio. Antonio Cassarà, más conocido como «Ninni Cassarà», oficial de policía, comenzó a reclutar informantes (pentitos) que deseaban huir de la masacre de la Mafia y gracias a ellos logró descifrar la lucha de poder que estaba convulsionando la Mafia. Tras la primavera —verano de 1982—, Cassarà realizó el mayor estudio sobre la Mafia de Palermo que se había hecho desde hacía 10 años: mediante su red de informantes. había identificado a 162 sospechosos protagonistas de la guerra mafiosa. La novedad principal del informe de inteligencia policial de Cassarà estaba en el papel que se atribuía a Michele Greco, conocido como el «El Papa». Una figura, hasta el momento, totalmente desconocida para la policía, y que posteriormente se sentaría en el banquillo de los acusados en el macrojuicio que sobrevendría. Greco era una pieza clave de la organización mafiosa.

Con el informe de Cassarà se descubrió una estructura de la delincuencia organizada insular que podemos sintetizar de la siguiente forma:

1. Un Jefe de Familia, o *Boss*: es quien rige el destino de la organización, tomando las decisiones capitales en cuanto a su marcha. Michele Greco o Bernardo Provenzano entran en esta categoría. Suelen rodearse de *consiglieri* o *avvocati*, quienes se ocupan de dar apariencia de legalidad a los distintos negocios de la Familia.

2. Un subjefe de la Familia, o *Sottocapo*: responsable del aparato militar, brazo ejecutor de las decisiones. Era el sucesor del Jefe. Tras la detención de Salvatore Totò Riina, Bernardo Provenzano asumió la jefatura de los corleonesi.

3. *Caporegime*: Comanda un grupo de *Soldati*, los mafiosi de a pie que suelen dar los golpes.

4. *Capodecine*: lidera un grupo más reducido de *Soldati*.

5. *Soldati*: El rango más bajo dentro de la organización criminal. Generalmente solo eran admitidos individuos de origen siciliano.

6. *Numerale*: sicarios a la orden de los consiglieri y de los cargos directivos de la Famiglia.

Hay que destacar que la mafia siciliana (así como la Camorra y la 'Ndrangheta) no solamente estaban integradas por personas estrictamente dentro de esta estructura jerárquica. También había sujetos que estaban bajo la influencia de la mafia, ya fuera voluntaria o involuntariamente. En el mismo período al que nos hemos referido anteriormente (década de los años 80) el Juez Falcone inició la investigación sobre el imperio económico de los primos «Salvo», Ignazio y Nino. Éstos eran dos de los más importantes empresarios de Sicilia, afiliados a la Democracia Cristiana. Los Salvo eran los encargados, con la ayuda del entonces Alcalde de Palermo, Salvo Lima, de recaudar todas las tasas y tributos locales de Sicilia (el *pizzo*, la «contribución» forzosa que se exigía a los titulares de los negocios sicilianos para protección). Una institución primitiva, pero que era extraordinariamente lucrativa y fuente de corrupción política.

Gracias a esta campaña de financiación, la mafia recompensaba a los Salvo con beneficios económicos y en el caso del Síndico de Palermo, le garantizaba un amplio respaldo que no tenía en el resto del país: tanto es así que Salvo Lima, consiguió, con su maquinaria política, que la Democracia Cristiana obtuviera el 50 % de los votos en Sicilia, mientras que en el resto de Italia solo obtuvo el 30 %.

Falcone lo tenía claro, los primos Salvo eran un nexo crucial entre la mafia y la clase política, en concreto, con la Democracia Cristiana.

Rocco Chinnici, quien fuera el Jefe de Fiscalía del Palacio de Justicia de Palermo y superior de Falcone fue convocado a la Oficina de la Corte de Apelación de Palermo para expresarle su disgusto sobre la investigación que estaba llevando a cabo el Juez Falcone, la cual, según su criterio, estaba arruinando la economía siciliana, sugiriendo que pasara los expedientes a jueces más tolerantes.

En su diario personal Chinnici escribe «*hay dos mafias: una que trafica con drogas y dinero negro y otra mafia política*» en nuestra investigación estamos llegando a los niveles más altos de la política. También, en una entrevista concedida en el año 1983, poco antes de ser asesinado precisamente por la investigación del vínculo del tráfico de drogas y del crimen organizado, Chinnici lanzó un contundente mensaje a la sociedad civil, ante la desesperación por poner fin a la fuente de ingresos mafiosa:

> «En cualquier caso, son los jóvenes los que mañana tendrán que tomar en sus propias manos el destino de la sociedad y, por lo tanto, es justo que tengan las ideas claras. Cuando hablo con los jóvenes sobre la necesidad de luchar contra las drogas, prácticamente les indico uno de los medios más poderosos para luchar contra la mafia. De hecho, en este momento histórico, el mercado de la droga constituye sin duda el instrumento de poder y ganancia más importante. Sólo en Palermo se comercializan drogas por lo menos cuatrocientos millones de liras al día, en Roma y Milán incluso tres o cuatro mil millones. Estamos en presencia de una enorme riqueza criminal que se dirige sobre todo contra los jóvenes, contra la vida, la conciencia y la salud de los jóvenes. Rechazar las drogas es el arma más poderosa de los jóvenes contra la mafia[52]».

---

[52] "in ogni caso sono i giovani che dovranno prendere domani in pugno le sorti della società, ed è quindi giusto che abbiano le idee chiare. Quando io parlo ai giovani della necessità di lottare la droga, praticamente indico uno dei mezzi più potenti per combattere la mafia. In questo tempo storico infatti il mercato della droga costituisce senza dubbio lo strumento di potere e guadagno più importante. Nella sola Palermo c'è un fatturato di droga di almeno quattrocento milioni al giorno, a Roma e Milano addirittura di tre o quattro miliardi. Siamo in presenza di una immane ricchezza criminale che è rivolta soprattutto contro i giovani, contro la vita, la coscienza, la salute dei giovani. Il rifiuto della droga costituisce l'arma più potente dei giovani contro la mafia". "Intervista al Giudice Rocco Chinnici", *Diario I Siciliani*, marzo dal 1983.

Se ha planteado en no pocas ocasiones el interrogante de si el Estado italiano ha recibido amenazas por parte de las organizaciones mafiosas, (pudiendi haber llegado incluso hasta el Palacio del Quirinale), en su empeño por sobrepasar a toda la función pública y llegar a la Jefatura del Ejecutivo. Sobre ello se ha pronunciado la Corte de Casación italiana:

«La sentencia confirma la decisión del Tribunal de Apelación de Palermo en la parte en la que reconoció que en los años 1992 a 1994 los dirigentes de la "Cosa Nostra" intentaron influir en los Gobiernos de la República Italiana con amenazas (Amato, Ciampi y Berlusconi), previendo la continuación de la actividad masacre si no se introducían cambios en el tratamiento penitenciario de los condenados por delitos mafiosos y otras medidas a favor de la asociación criminal.

Todos los acusados habían sido acusados del delito de amenaza a un órgano político del Estado (artículo 338 del Código Penal).

La sentencia, reclasificando el delito en la forma de tentativa, declaró la prescripción contra Leoluca Bagarella y Antonino Cinà en relación con las amenazas contra los Gobiernos de Ciampi y Amato, ya que habían transcurrido más de 22 años desde la consumación de la tentativa de delito.

Además, excluyó cualquier responsabilidad de los agentes del ROS Antonio Subranni, Mario Mori y Giuseppe De Donno —ya absueltos en apelación por falta de malicia— negando cualquier hipótesis de complicidad en la tentativa de delito de amenaza a un organismo político.

En cuanto a la amenaza contra el gobierno de Berlusconi, de la que fueron acusados Marcello Dell'Utri y Bagarella, la sentencia confirmó lo decidido por el Tribunal de Apelaciones de Palermo, que reconoció la extrañeza del primero y declaró la prescripción del delito contra Bagarella[53]».

---

53 Sesta Sezione penale della Corte di Cassazione, sentenza n. 39038/2022, 27 aprile 2023: "La sentenza ha confermato la decisione della Corte di assise di appello di Palermo nella parte in cui ha riconosciuto che negli anni 1992-1994 i vertici di 'cosa nostra' cercarono di condizionare con minacce i Governi della Repubblica italiana (Governi Amato, Ciampi e Berlusconi), prospettando la prosecuzione dell'attività stragista se

6.1.4. Los «maxiprocessos» de Palermo y de Calabria

El «*maxiprocesso*» de Palermo fue uno de los procesos penales de mayor magnitud en la historia reciente de Italia, e incluso en el mundo, tanto desde un punto de vista cualitativo como cuantitativo.

Así lo atestiguan los más de 475 imputados entre miembros y dirigentes de la asociación mafiosa Cosa Nostra, las más de 900 partes civiles, 200 letrados, 3000 funcionarios de las Fuerzas y Cuerpos de Seguridad del Estado (Polizia di Stato, Guardia di Finanza, Carabinieri...) y militares custodios, más de 750.000 folios de actuaciones de un sumario en el que intervinieron los Jueces del *pool* antimafia Antonino Caponetto, Giovanni Falcone o Paolo Borsellino, y los ojos de un país que despertaba de la pesadilla del crimen organizado y que depositaba sus esperanzas en el aparato judicial y policial. Era sin lugar a dudas una cruzada del Estado de Derecho frente a la oscuridad que albergaban los *mafiosi*.

Tenemos que tener presente que en Italia la carrera judicial y la fiscal se encuentran unificadas: se aprueba como Juez *(Giudice)*. La oposición para la obtención de la plaza es única, como también lo es el centro en el que se preparan *(Scola Superiore della Magistratura)*. Una vez con sus respectivos despachos, los jueces podrán elegir desempeñar funciones

---

non fossero intervenute modifiche nel trattamento penitenziario per i condannati per reati di mafia ed altre misure in favore dell'associazione criminosa.

Nei confronti di tutti gli imputati era stato contestato il reato di minaccia ad un corpo politico dello Stato (art. 338 cod. pen.).

La sentenza, riqualificato il reato nella forma tentata, ha dichiarato la prescrizione nei confronti di Leoluca Bagarella e Antonino Cinà in relazione alle minacce ai danni dei Governi Ciampi e Amato, essendo decorsi oltre 22 anni dalla consumazione del reato tentato.

Inoltre, ha escluso ogni responsabilità degli ufficiali del ROS, Antonio Subranni, Mario Mori e Giuseppe De Donno — peraltro già assolti in appello sotto il profilo della mancanza di dolo — negando ogni ipotesi di concorso nel reato tentato di minaccia a corpo politico.

Per quanto riguarda la minaccia nei confronti del Governo Berlusconi, di cui erano accusati Marcello Dell'Utri e Bagarella, la sentenza ha confermato quanto deciso dalla Corte di assise di appello di Palermo, che ha riconosciuto l'estraneità del primo e che ha dichiarato la prescrizione del reato nei confronti di Bagarella."

como Fiscales *(Procura)* o continuar en el primer camino. En todo caso, son todos ellos Poder Judicial, lo cual difiere ostensiblemente de nuestro sistema, tanto a efectos de la oposición, del centro de la formación y de la institución a la que se pertenece.

La creación del «pool antimafia» coincidía felizmente con un cambio en la Jefatura del Estado. En 1983 llega como Jefe del Gobierno Italiano Bettino Craxi, primer socialista en llegar al poder y pone al cargo del Ministerio de Justicia y del Ministerio de Interior a dos militantes de la Democracia Cristiana del Norte que no dependían de la Mafia. El Estado italiano parece que decide ponerse manos a la obra por fin en la lucha, y había numerosas razones para ello.

En apenas dos años cerca de 300 personas eran asesinadas entre Palermo y su entorno. La brutalidad de la carnicería y la presencia del grupo de magistrados que llevaban la lucha contra la Mafia dio lugar a un hecho sin precedentes: los informadores de la Mafia. Uno de ellos fue Tommaso Buscetta, una figura mítica centro la Mafia, el último hijo de 17 hermanos, nacido en 1927 en Porta Nova, un barrio paupérrimo de Palermo. En 1968 es condenado a 10 años por homicidio en ausencia, y posteriormente absuelto por falta de pruebas en la matanza de Ciaculli. Después de viajar con nombre falso a diversas ciudades, voló a Nueva York donde fue arrestado por solicitar residencia bajo falsa identidad, después de un breve periodo en la cárcel, decide viajar a Brasil donde es reconocido y las autoridades brasileñas acceden a devolverlo a Italia en 1983.

El Juez Falcone se entrevista con él. Después de su declaración la idea de la Mafia que tenía Falcone e Italia en general cambio radicalmente. La cuasi totalidad de la causa contra los mafiosos dependía del testimonio del arrepentido, quien durante la tramitación del sumario había descrito a Falcone y Borsellino la estructura vertical y jerárquica de Cosa Nostra, su estrategia y objetivos.

Hubo en el «*maxiprocesso*» más de 600 medios de comunicación presentes entre la sesión constitutiva del juicio y las sucesivas sesiones, pues en el ámbito internacional supuso un acontecimiento histórico-judicial: el fin de la hegemonía de los corleoneses de Salvatore Totò Riina (autor del atentado que mató al Juez Falcone el 23 de mayo de 1992 en una carretera de la ciudad palermitana) o Bernardo Provenzano (boss de Cosa Nostra que sería detenido en el año 2006 en una operación coordinada entre la Procura Antimafia de Palermo, la Policía de Palermo, el Servicio Central Operativo y la Dirección Central Anti-Crimen de la Polizia di Stato). Estos líderes, junto con los restantes capos o sottocapos, habían declarado la guerra contra el Estado italiano, orquestando la eliminación sistemática de jueces, fiscales, periodistas, políticos y servidores públicos. Incluso ciudadanos de a pie.

La lista de asesinados por Cosa Nostra es sencillamente escalofriante: entre los años 1981 y 1983 más de mil personas fueron privadas de su derecho fundamental a la vida. Por poner un poco de contexto para el estimado lector, en toda su existencia en más de 40 años, la banda terrorista ETA asesinó a más de 850 personas.

El 10 de febrero de 1986 comenzó el juicio contra la mafia de Cosa Nostra en suelo italiano. En la ciudad de Palermo, en un ala-búnker construida en uno de los laterales de la cárcel de máxima seguridad del Ucciardone, donde se encontraban ingresados provisionalmente bosses como Luciano Liggio, Pippo Calò o Michele Greco, así como la mayoría de los imputados. Con el fin de garantizar la seguridad de los Magistrados y Fiscales del Tribunal, del testigo «*pentito*» Tomasso Buscetta, y de otras autoridades y funcionarios intervinientes, se había acordado el levantamiento de este aula magna con unas protecciones arquitectónicas de tal magnitud, que podía resistir un ataque con explosivos pesados.

Después de 21 meses, 349 audiencias y 35 deliberaciones del Tribunal presidido por Alfonso Giordano, el 6 de diciembre de 1987 se conoció la sentencia: condenas para la práctica totalidad de los encausados, incluyendo 19 cadenas perpetuas *(ergastolo)* y hasta 2.665 años de prisión. Este pronunciamiento sería posteriormente apelado, revocándose algunas condenas de penados que se encontraban fallecidos, y disminuyéndose las penas de prisión impuestas pero confirmándose las cadenas perpetuas y, en esencia, la existencia de un grupo mafioso.

El 30 de enero de 1992, la Sección Penal de la Corte de Casación Italiana (Tribunal Supremo), presidida por el Magistrado Arnaldo Valente, confirmó el pronunciamiento recurrido en casación por los *mafiosi* que seguían condenados.

Es de notar que durante la tramitación del recurso de casación el Magistrado Antonino Scopelliti fue asesinado el 9 de agosto de 1991 por la 'Ndrangheta calabresa, a petición de Cosa Nostra. Scopelliti había sido designado como Fiscal ante la Corte para oponerse al recurso, y tenía una gran fama de jurista y hombre recto y de profundas convicciones morales: Cosa Nostra no podía permitir que alguien de este calado diluyera sus aspiraciones y que lograra la confirmación de la sentencia de Palermo. La mafia no logró su objetivo, pero por desgracia el asesinato de este magistrado aún permanece impune.

Posteriormente analizaremos la sentencia, en cuanto a los elementos del delito de asociación mafiosa, previsto y penado en el *Codice Penale Italiano* en su artículo 416 bis, que tan pródigamente describe, junto con otras resoluciones recientes.

En cuanto al maxiprocesso de Calabria, sin duda alguna no puede describirse sin atender a la figura del Fiscal antimafia Nicola Gratteri, al que muchos describen como el nuevo Falcone.

Gratteri es posiblemente uno de los hombres más amenazados de Italia. Miembro de la Procura Antimafia de Reggio Calabria, cuenta con destacamento de seguridad permanente, dada la gravedad de las amenazas que pesan sobre él, y teniendo en cuenta la suerte que han tenido Falcone, Borsellino, Costa o Chinnicci, colegas suyos. Más de 1000 condenados así lo atestiguan en las distintas causas en las que ha intervenido, dedicando su vida a la lucha contra el crimen organizado. Al igual que Giovanni Falcone descubrió a través de Tomasso Buscetta los procedimientos internos de Cosa Nostra, el Fiscal Gratteri ha hecho lo propio con la 'Ndrangheta calabresa.

Hemos de tener presente que la 'Ndrangheta tiene importantes diferencias con la Cosa Nostra, o la Camorra Napolitana. Calabria es una región pobre, con múltiples pueblos dispersos con poblaciones reducidas. En muchas de estas poblaciones hay un «*boss*» que rige el destino del crimen organizado en la localidad, sin perjuicio de la cooperación y de la obligación de la «*Omertà*» respecto de los restantes clanes. Así, Cosa Nostra presenta una única «*testa*», mientras que 'Ndrangheta es un monstruo de múltiples cabezas que deben ser segadas. Con la problemática que, de acabarse con un clan, otro puede ocupar su territorio.

Mediante sistemas de captación de la imagen y sonido, la Fiscalía de Gratteri consiguió grabaciones de los códigos secretos de la organización, fruto de numerosos años de investigaciones. Incluso, del juramento que deben efectuar los nuevos integrantes:

> «Repite después de mí: juro renunciar, hasta la séptima generación, a cualquier organización criminal a la que hubiese reconocido como legítima, para preservar el honor de mis hermanos sabios».

Gratteri tiene clara su visión sobre el fenómeno de la 'Ndrangheta:

> «La iniciación como miembro de la 'Ndrangheta es un proceso que se extiende durante un año o dos, durante este tiempo la persona debe llevar a cabo determinados actos para demostrar ue es alguien con coraje, con agallas para pertenecer a la organización. Una vez que se es miembro de la organización, y si fuere preciso para preservar el secreto sobre la estructura criminal de Ndranghetta, deberá matarse a sus padres, sus hermanos, a toda la familia propia. Es un juramento muy poderoso. Desde ese momento se le proporciona protección. De quebrantarse el juramento, en algún modo, las sanciones que se imponen por los dirigentes son variadas: desde la exclusión de la organización por un período de tiempo, obligado a llevar puesta una cabeza de un animal muerto, a introducir sus propios cuerpos en un retrete, como actos de humiliación[54]».

Sin duda alguna, esta organización controla hasta un 80 % del tráfico de drogas que entran en Europa: Se trata de Gioa Tauro, un puerto a 50 kilómetros de Reggio Calabria. La 'Ndrangheta calabresa ha situado a miembros de su organización en Argentina, Bolivia, Perú, Ecuador, Colombia, Costa Rica y México, para comprar la droga y venderla posteriormente en los EE.UU. y Europa.

Según el Coronel de la Guardia di Finanza Alessandro Barbera, responsable del destacamento en el puerto, es el punto

---

54   "Prosecuting the 'Ndrangheta Mafia: The Most Dangerous Mafia in Italy, Calabrian Mafia Documentary", *Witness, History & Crime Documentary*, 27-07-2022.

de entrada de la droga en Europa, controlado por la mafia[55]. El ocultamiento de la sustancia es cada vez más preciso y difícil de detectar, haciendo uso de grandes cargueros con cientos de «containers», haciendo ardua la labor de las autoridades italianas.

El método clásico es el «gancho ciego» que consiste en ocultar la droga entre la mercancía importada legamente para poder retirarla en el puerto de llegada. La organización esconde la sustancia entre la mercancía, en cajas de plomo.

En el año 2020 se incautaron dos toneladas de cocaína, que en la calle podría tener un valor de 350 millones de euros. Sin embargo, se estima que solo se incauta un diez por ciento de las drogas de contrabando. Lo mismo ocurre en todos los puertos europeos, donde cada año se confiscan más cocaína. Los expertos estiman que los beneficios de la Ndrangheta ascienden a cincuenta y cinco mil millones de euros.

La 'Ndrangheta compra un kilo de cocaína en Sudamérica por unos 1,000 € y lo vende por, al menos, un setenta u ochenta veces más. El beneficio es enorme, como puede comprobarse.

Hay un estudio reciente que cifra el valor de los fondos ilegales de las mafias italianas en los paraísos fiscales de mundo en unos tres mil millones de euros. Puede comprar media Europa. Compran acciones, empresas importantes, políticos, parcelas de poder institucional y eso es un peligro para todos[56].

Los expertos defienden que se proteja mejor a los testigos y a sus familias para que de esta forma haya más personas dispuestas a declarar contra la Mafia. Sobre este aspecto incidiremos posteriormente.

En el año 2021, el Fiscal Gratteri llevó a juicio a más de 300 imputados en el que se conoce como el nuevo maxiprocesso contra el Clan Mancuso, una de las cabezas mafiosas de las que decíamos se compone la 'Ndrangheta. Gracias a la previsión del delito de «assoziazione mafiosa», no solamente se

---

55   "Prosecuting the 'Ndrangheta Mafia: The Most Dangerous Mafia in Italy, Calabrian Mafia Documentary", *Witness, History & Crime Documentary*, 27-07-2022.

56   DW Documental: «Persecución a la mafia en Calabria», 29-06-2021.

procede por delitos ligados al crimen organizado (asesinato, extorsión, corrupción de funcionarios públicos, tenencia ilícita de armas y amenazas, entre otros), sino por la propia pertenencia a la organización. Desde mediados de los años setenta acaparaban los contratos públicos que les daban ganancias millonarias, 'Ndrangheta exigía una parte de casi todas las inversiones estatales y municipales, de todos los negocios privados. Mientras los delincuentes como los Mancuso se enriquecían, gran parte de la población se empobrece, los jóvenes y los que tienen estudios se marchaban.

La estructura criminal y la represión del delito de asociación mafiosa que pretendían Falcone, Borsellino y ahora Gratteri en Italia es idéntica a la que se sigue en nuestro país: tiene un carácter autónomo, y se castigará no solamente la pertenencia a la asociación, sino por los delitos cometidos en su seno.

Durante los últimos cincuenta años la 'Ndrangheta ha extendido sus tentáculos por toda Calabria, ahora la Justicia de la capital, Catanzaro, quiere purgar al menos de la Mafia a la zona de Vibo Valentia, dominada por la familia Mancuso, los clanes estaban infiltrados en muchos de sus municipios. Como apunta Gratteri, «*las células de la 'Ndrangheta siguen su estructura local en todo el mundo como una marca que se clona, que se copia. Cuando montan una estructura de la Mafia en cualquier ciudad del mundo siguen el mismo sistema como una franquicia, en Frankfurt, Duisburgo, Zurich, Viena y hasta Nueva York, siempre es igual*».

En el verano de 2023, el Tribunal de Catanzaro, constituido en un edificio especialmente habilitado para los 332 imputados, Procura Antimafia, letrados de las defensas, testigos y demás intervinientes, dictó condena: más de 4000 años de prisión para los acusados, con tan sólo 13 absoluciones[57]. Hay que tomar en consideración la altísima ramificación de esta parte del entramado criminal calabrés: uno de los condenados fue Giancarlo Pitelli, senador italiano; o el exconsejero regional Pietro Gamborino (quien compró votos a la mafia, mediante la violencia, a cambio de concederla obra

---

57   "Ndrangheta, chiesti più di 4 millenni di condanne per i clan del Vibonese. Diciassette anni per l'ex senatore Fdl Pittelli", *Diario La Repubblica*, Alessia Candito, 7 di Giugno di 2023.

pública, el «premio gordo» de los ingresos ilícitos de la organización, provenientes de fondos públicos).

El pentito Luigi Bonaventura testificó en el proceso contra el Clan Mancuso. Fue uno de los elementos claves en la obtención de un fallo condenatorio. Fue uno de los tantos soldados que operaban en las células móviles del Clan Mancuso. Ya en un documental de la BBC afirmaba que «*nacer en una familia ligada a la 'Ndrangheta es duro, porque es una etnia. Un Estado. Una tribu. Si la familia está en un estado de guerra, no se puede a ver otra cosa que crecer en la violencia, en matar, matar y matar*». Al igual que Buscetta, Bonaventura quiere liberarse de la mafia y posibilitar el desmantelamiento de las distintas familias que integran la organización criminal, dando a su familia una libertad de la que él carecía.

No solamente hay pentitos que han decidido dar el paso contra la mafia. También individuos de la sociedad civil que dijeron basta a las campañas de extorsión. Es el empresario Gaetano Saviotti, quien está amenazado por la Ndranghetta, por testificar contra la organización. Vive en Palmi, en un hogar blindado y protegido por las fuerzas de seguridad. Durante 20 años vino pagando el pizzo, el impuesto «revolucionario» de la mafia, con cantidades cada vez más altas. Un día, decide que esto no puede seguir. En el año 2001, grabó los pagos a los clanes de Gioia Tauro y Rosarno, integrantes de la estructura tentacular calabresa. Esto es en lo que se diferencia de Cosa Nostra. Cada una de las 160 regiones administrativas en las que se divide Calabría, cada una de esas regiones están a cargo de un jefe al que se debe abonar el pizzo. Saviotti renunció pagarlo y entregó las cintas a la Fiscalía Antimafia y a los Carabinieri. Fruto de esta acción, más de 48 integrantes fueron detenidos en los siguientes años, y ello sentó las bases de la futura investigación del ahora concluso proceso de Catanzaro.

6.2. Instrumentos jurídicos contra la mafia: La Ley Rognoni- Latorre, «Il reato di associazione mafiosa», «Codice Antimafia» y la protección de testigos

La Ley n.° 646 de 13 septiembre de 1982 fue bautizada como la «Ley Rognoni-La Torre», introduciendo por primera vez en el Código Penal italiano el delito de «asociación de tipo mafioso» (el nuevo artículo 416 bis CPI), con las consiguientes medidas cautelares reales/patrimoniales aplicables en el caso de enriquecimiento ilícito de capitales. El texto normativo tiene su origen en una proposición de ley presentada en la Cámara de Diputados italiana el 31 de marzo de 1980 (acta parlamentaria n° 1581), de la mano del diputado del Partido Comunista italiano Pío La Torre, quien había recabado el parecer técnico de dos jóvenes magistrados de la Fiscalía de Palermo: Giovanni Falcone y Paolo Borsellino.

Sin ningún género de duda, puede decirse que La Torre fue un pionero en las advertencias formuladas al Estado en contra de la proliferación de las organizaciones mafiosas en Italia. Tanto es así que en un informe remitido a la Cámara Baja sobre el fenómeno criminal incipiente, firmado con otros diputados de la minoría parlamentaria, constata el mismo origen mafioso (de Cosa Nostra), que el apuntado por la Magistrada Pardo González: los «gabelloti» o custodios de las propiedades de los terratenientes que, a la postre, se convirtieron en éstos. Esa acumulación de poder, ese ansia por la riqueza desmedida es el mismo patrón que corta a la delincuencia estructurada en el país latino, y así lo veía este Diputado; como también asevera la colusión de los mafiosos en la segunda y tercera década del siglo XX con las autoridades fascistas del Prefecto Cesare Mori[58].

La teoría de Pio La Torre se fundamentaba en nociones sólidas: la mafia como tal buscaba el total y absoluto control de la vida ordinaria social. No le basta con la mera obtención de un lucro de naturaleza económica, sino regir los aspectos de la sociedad italiana en su conjunto.

---

[58] Relazione di Minoranza, dei deputati LA TORRE, BENEDETTI, MALAGUGINI e dei senatori ADAMOLI, CHIAROMONTE, LUGNANO, MAFFIOLETTI, 1976, Camera dei Diputati: "La mafia è quindi un fenomeno di classi dirigenti. Come tale, pertanto, la mafia non è costituita solo da 'soprastanti', 'campieri' e 'gaibellotti', ma anche da altri componenti delle classi che esercitano il dominio economico e politico nell'Isola, cioè da appartenenti alla grande proprietà terriera e alla vecchia nobiltà. Finora si è cercato di presentare il proprietario terriero più come vittima che come beneficiario della mafia; tutt'al ipiù si è riconosciuto che il vantaggio da lui ricevuto sia stato quello di avere nella mafia una guardia armata del feudo. Il prefetto Mori è arrivato perfino ad affermare che il proprietario terriero, in quanto fornito di beni (patrimoniali estesissknì, non può essere considerato mafioso anche se, per ipotesi, ha colluso con la mafia."

La mafia estaba allí, controlaba la vida en los barrios, tenía su jefe en la provincia de Palermo y desde allí hacía «política a tiros». El tráfico de heroína a gran escala la había empujado hacia una dimensión empresarial desconocida. No obstante, esa variación en su principal medio de financiación no significaba que hubiera perdido su identidad.

Por este motivo, en la ley que estableció el delito de asociación mafiosa no se limitó a señalar entre los grandes objetivos de la asociación el lucro, sino la realización de «ventajas injustas, para sí o para otros»: ahí, en las ventajas injustas, está la clave, la densa y auténtica red del poder mafioso: desde la contratación en empleos públicos, la impunidad en los juicios, la elección de los propios candidatos en los distintos comicios, hasta las recomendaciones para un examen o para una prioridad hospitaria, incluso el trabajo para los afiliados del clan correspondente.

Falcone y Borsellino le transmitieron a La Torre la insuficiencia normativa del artículo 416 del *Codice Penale*. Primero, porque este precepto se limitaba y se limita al castigo de la promoción, constitución u organización de la asociación por 3 o más personas para delinquir (agravándose por el elevado número de sus miembros o el empleo de armas en vía pública); segundo, porque no tiene en cuenta las características del vínculo que une a los miembros de la organización mafiosa con ésta y los restantes miembros (la Omertà, la obediencia debida a los superiores jerárquicos y la intimidación y violencia desplegadas para subyugar a la ciudadanía en el cumplimiento de sus fines.

La Torre pagaría muy caro su activismo y lucha política en apoyo de la Procura Antimafia de Italia: el 30 de abril de 1982 es tiroteado cerca de la sede del Partido Comunista de Palermo, tras sufrir una emboscada de la que no pudo salir a pesar de los intentos de su conductor, Rosario di Salvo, de repeler a tiros al comando mafioso que lo asesinó. También Di Salvo muere como consecuencia de los disparos. La Comisión mafiosa de Sicilia había firmado la sentencia de muerte de La Torre por su papel en la nueva normativa antimafia. Un servidor público, de los tantos, caído en la lucha por la liberación de Italia de las garras de la mafia.

Es por ello que el análisis de la normativa anti crimen organizado en Italia debe imperativamente comenzar en este punto. El 29 de septiembre de 1982 entró en vigor la norma, meses después del asesinato de su principal impulsor.

Dispone lo siguiente el artículo 416 bis del CPI:

«Asociación de tipo mafioso. Cualquiera que sea miembro de una asociación de tipo mafioso formada por tres o más personas, será castigado con prisión de tres a seis años. Quienes promuevan, dirijan u organicen la asociación serán castigados, sólo por este motivo, con pena privativa de libertad de cuatro a nueve años.

La asociación es de tipo mafioso cuando quienes forman parte de ella hacen uso de la fuerza intimidante del vínculo asociativo e de la condición de subyugación y silencio que de ella se deriva cometer delitos, adquirir directa o indirectamente la gestión o en cualquier caso el control de las actividades económicas, de concesiones, autorizaciones, contratos y servicios públicos o para obtener beneficios o ventajas injustas para uno mismo o para otros.

Si la asociación está armada, se aplica la pena de prisión de cuatro a diez años en los casos previstos en el párrafo primero y de cinco a quince años en los casos previstos en el párrafo segundo. La asociación se considera armada cuando los participantes tienen la disponibilidad, para lograr el propósito de la asociación, de armas o materiales explosivos, incluso ocultos o guardado en un lugar de almacenamiento.

Si las actividades económicas que el asociado pretende asumir o mantener el control se financian total o parcialmente con el precio, el producto o el beneficio de los delitos, las penas establecidas en párrafos anteriores se incrementarán en un tercio a la mitad.

El decomiso siempre es obligatorio para el condenado de los bienes que fueron utilizados o destinados para cometer el delito y del precio, el producto, la ganancia del delito. Además, las licencias de policía, comercio, comisión subastador en los mercados, ventas al por mayor, concesiones y derechos públicos de agua relacionados con los mismos, así como inscripciones en los registros de contratistas obras o suministros públicos de los que el condenado fuera propietario.

Lo dispuesto en este artículo también se aplica a La Camorra y otras asociaciones, cualquiera que sea su denominación local, que haciendo uso de la fuerza intimidante del vínculo asociativo persiguen fines correspondientes a los del tipo de asociaciones mafiosas[59]».

Los requisitos descritos en los párrafos primero y segundo del artículo 416 bis CPI describen el tipo básico del delito de asociación mafiosa. Imprescindible que esté conformada por un mínimo de tres personas, que se emplee la violencia y la intimidación para lograr los objetivos de la asociación, o se haga uso del ilícito pacto de silencio para someter a sus miembros, una estructura jerárquica y estable y el propósito de delinquir (por cuanto que no cabe la modalidad imprudente).

---

59   "Art. 416-bis. Associazione di tipo mafioso. Chiunque fa parte di un'associazione di tipo mafioso formata da tre o piu' persone, e' punito con la reclusione da tre a sei anni. Coloro che promuovono, dirigono o organizzano l'associazione sono puniti, per cio' solo, con la reclusione da quattro a nove anni.
L'associazione e' di tipo mafioso quando coloro che ne fanno parte si avvalgono della forza di intimidazione del vincolo associativo e della condizione di assoggettamento e di omerta' che ne deriva per commettere delitti, per acquisire in modo diretto o indiretto la gestione o comunque il controllo di attivita' economiche, di concessioni, di autorizzazioni, appalti e servizi pubblici o per realizzare profitti o vantaggi ingiusti per se'o per altri.
Se l'associazione e' armata si applica la pena della reclusione da quattro a dieci anni nei casi previsti dal primo comma e da cinque a quindici anni nei casi previsti dal secondo comma. L'associazione si considera armata quando i partecipanti hanno la disponibilita', per il conseguimento della finalita' dell'associazione, di armi o materie esplodenti, anche se occultate o tenute in luogo di deposito.
Se le attivita' economiche di cui gli associati intendono assumere o mantenere il controllo sono finanziate in tutto o in parte con il prezzo, il prodotto, o il profitto di delitti, le pene stabilite nei commi precedenti sono aumentate da un terzo alla meta'.
Nei confronti del condannato e' sempre obbligatoria la confisca delle cose che servirono o furono destinate a commettere il reato e delle cose che ne sono il prezzo, il prodotto, il profitto o che ne costituiscono l'impiego. Decadono inoltre di diritto le licenze di polizia, di commercio, di commissionario astatore presso i mercati annonari all'ingrosso, le concessioni di acque pubbliche e i diritti ad ese inerenti nonche' le iscrizioni agli albi di appaltatori di opere o di forniture pubbliche di cui il condannato fosse titolare.
Le disposizioni del presente articolo si applicano anche allá Camorra e alle altre associazioni, comunque localmente denominate, che valendosi della forza intimidatrice del vincolo associativo perseguono scopi corrispondenti a quelli delle associazioni di tipo mafioso."

Sobre la participación en una asociación mafiosa, la Corte de Casación Penal italiana se ha pronunciado, siendo aplicable el artículo 416 bis CPI cuando «*la conducta de participación en una asociación de tipo mafioso se concreta en la inclusión permanente del agente en la estructura organizativa de la asociación; esta inclusión debe resultar idónea, por las características asumidas en el caso concreto, para dar lugar a la "puesta a disposición" de la propia asociación mafiosa, para la persecución de fines delictivos comunes*[60]». Esta sentencia responde afirmativamente al interrogante de si el acto de afiliación a una organización mafiosa ('Ndrangheta) ya per se constituye esa inclusión en la participación de sus actividades.

A diferencia del delito previsto en el artículo 416 CPI, que exige solamente el elemento personal y un fin delictivo, el delito de asociación mafiosa implica un plus que abarca plenamente el sentir mafioso, y que hemos descrito líneas atrás.

Las agravaciones que se prevén están ligadas al i) uso de armas o explosivos o a la disponibilidad de las mismas, ello con independencia del lugar de almacenamiento o del grado de ocultamiento de aquéllas; y ii) a la utilización del producto o provecho del delito para actividades económicas o empresariales, estén o no ligadas a actos de crimen organizado. En este sentido, hay una similitud con las previsiones de los artículos 1962 a) y b) de la Ley RICO, pues también se consideran al amparo de dicha norma actos de crimen organizado el «blanqueo» en una actividad empresarial aparentemente lícita de fondos de procedencia criminal.

La posibilidad de que las organizaciones mafiosas en Italia operen a través de comandos o células, con subordinación a los *bosses* o *sottocapos* de las respectivas familias es algo ya superado por la jurisprudencia de la Corte de Casación italiana[61]. Se trata de ramas periféricas que operan en

---

60   Cassazione Penale, Sezioni Unite, 11 ottobre 2021 (ud. 27 maggio 2021), n. 36958: "la condotta di partecipazione ad associazione di tipo mafioso si sostanzia nello stabile inserimento dell'agente nella struttura organizzativa dell'associazione; tale inserimento deve dimostrarsi idoneo, per le caratteristiche assunte nel caso concreto, a dare luogo alla 'messa a disposizione' del sodalizio stesso, per il perseguimento dei comuni fini criminosi."

61   Cassazione Penale, sentenza n. 47538, Sezione II, 16 Dicembre di 2022 (Audienza dal 18 di noviembre): "In conclusione, la censurea difensiva debe essere disattesa alla stregua del seguente principio di diritto: il

zonas caracterizada por una particular inmensidad espacial y social, y que colman los elementos del tipo del artículo 416 CPI cuando:

– Exista o surja una conexión de la rama o célula con la asociación mafiosa principal, a pesar de tener autonomía organizativa. Dado el esquema jerárquico que hemos visto, es posible que incluso un *caporegime* pueda liderar la nueva estructura.

– Que ejerza una actividad destinada a copar zonas de producción y de mercado, contaminando el tejido socioeconómico relacionado y se mueve por la misma lógica que la asociación mafiosa principal.

– Que su forma organizativa reproduzca las características distintivas de la asociación principal.

Las finalidades preventivo-generales quedan plenamente salvaguardadas dada la alta punibilidad prevista para el delito de asociación mafiosa. Tengamos presente que tan solo el tipo básico prevé para los miembros de la mafia una pena de tres a seis años de prisión (sin perjuicio de las agravaciones que ya hemos visto), y para los organizadores, promotores o directores de las mismas se incrementa en un marco que va desde los cuatro a los nueve años de prisión (nuevamente, agravaciones aparte). Es un tanto superior a nuestra normativa, cierto es que nuestras penas guardan proporcionalidad con la menor entidad del fenómeno criminal (aunque haya visto un repunte en España en los últimos tiempos).

Igualmente, la Ley prevé medidas cautelares de naturaleza personal, en los artículos 10 y concordantes, como la prohibición de salida de un determinado municipio cuando exis-

---

reato di cui all'art. 416 bis CPI è configurabile —con riferimento ad una nuova articolazione periférica di un sodalizio mafioso operante in un'area di competenza caratterizzata da particolare vastitá spaziale e sociale— anche in difetto della replica del peculiare modelo di insediamento dell'associazione mafiosa di riferimento, qualora: pur mantenendo un'autonomia organizzatta, emerga il collegamento della nuova struttura territoriale con tale sodalizio; attui una penetrante azione destinata ad 'occupare area di mercato e produttive inquinando il relativo tessuto económico-sociale e sia mossa dalle stesse logiche della casa madre; il modulo organizzativo (distinzione di ruoli, rituali di affiliazione, imposizione di rigide reogle interne, ecc.)."

tan condicionantes relativos al orden público o la protección de la integridad física de las partes en el procedimiento.

Merece un breve análisis la normativa italiana de protección de testigos en causas relativas al crimen organizado. Se trata, por una parte, del Decreto Legislativo n° 159 de 6 de septiembre del año 2011, relativo al *Codice delle leggi antimafia e delle misure di prevenzione*, un conjunto de normas que habilitan, para la tutela del orden público, a las autoridades judiciales, policiales y a la Fiscalía Antimafia en el ámbito del delito de asociación mafiosa (entre otros) para adoptar medidas de vigilancia, de arresto domiciliario (artículo 5[62]), la posibilidad del embargo de bienes provenientes del crimen organizado (artículo 20[63]), la gestión de los bienes que sean decomisados por las autoridades (entre otros, artículos 40, 45 y concordantes), o la constitución de una base de datos

---

[62] "Articolo 5.1. Nei confronti delle persone indicate all'articolo 4 possono essere proposte dal questore, dal procuratore nazionale antimafia, dal procuratore della Repubblica presso il tribunale del capoluogo di distretto ove dimora la persona e dal direttore della Direzione investigativa antimafia le misure di prevenzione della sorveglianza speciale di pubblica sicurezza e dell'obbligo di soggiorno nel comune di residenza o di dimora abituale.
Articolo 5.2. Nei casi previsti dall'articolo 4, comma 1, lettere c), i), i-bis) e i-ter), le funzioni e le competenze spettanti al procuratore della Repubblica presso il tribunale del capoluogo del distretto sono attribuite anche al procuratore della Repubblica presso il tribunale nel cui circondario dimora la persona previo coordinamento con il procuratore della Repubblica presso il tribunale del capoluogo del distretto; nei medesimi casi, nelle udienze relative ai procedimenti per l'applicazione delle misure di prevenzione le funzioni di pubblico ministero possono essere esercitate anche dal procuratore della Repubblica presso il tribunale competente."

[63] "Articolo 20: Il tribunale, anche d'ufficio, con decreto motivato, ordina il sequestro dei beni dei quali la persona nei cui confronti e' stata presentata la proposta risulta poter disporre, direttamente o indirettamente, quando il loro valore risulta sproporzionato al reddito dichiarato o all'attivita' economica svolta ovvero quando, sulla base di sufficienti indizi, si ha motivo di ritenere che gli stessi siano il frutto di attivita' illecite o ne costituiscano il reimpiego, ovvero dispone le misure di cui agli articoli 34 e 34-bis ove ricorrano i presupposti ivi previsti. Il tribunale, quando dispone il sequestro di partecipazioni sociali totalitarie, ordina il sequestro dei relativi beni costituiti in azienda".

antimafia única para la totalidad del territorio nacional (artículo 96[64]).

De otro lado, la Ley de 11 de enero de 2018, n. 6, *per la protezione dei testimoni di giustizia* (disposiciones para la protección de los testigos que colaboren con la Administración de Justicia), norma que contempla medidas de protección y beneficios sociales para aquellos que testifiquen en causas criminales (particularmente en materia de criminalidad organizada, pues ya son conocidas las consecuencias gravísimas que pueden afrontar los *pentitos*).

El ámbito de aplicación de la ley está perfectamente definido en su artículo segundo, por el que se concede la condición de testigo (y los beneficios que ello conlleva) a quienes reúnan los siguientes requisitos:

a) Quien haga, en el contexto de un proceso penal, declaraciones de fundada confiabilidad intrínseca, pertinentes para las investigaciones o para la sentencia;

b) asume, respecto del hecho delictivo objeto de sus declaraciones, la condición de ofendido por el delito o de persona informada de los hechos o de testigo;

c) no ha sido condenado por delitos no culposos relacionados con aquellos por los que se sigue el procedimiento y no ha aprovechado para sí el hecho de haber entrado en contacto con el contexto delictivo en el que los comete;

d) no está o no ha sido sometido a una medida de prevención ni está sujeto a un proceso en curso contra él por la aplicación de la misma, de conformidad con el código de leyes antimafia y medidas de prevención.

La Ley italiana de protección de testigos contempla en sus artículos quinto a octavo un elenco de medidas de protec-

---

64 "Articolo 96.1: Presso il Ministero dell'interno, Dipartimento per le politiche del personale dell'amministrazione civile e per le risorse strumentali e finanziarie e' istituita la banca dati nazionale única della documentazione antimafia, (di seguito denominata 'banca dati nazionale unica').
Articolo 96.2. Al fine di verificare la sussistenza di una delle cause di decadenza, di sospensione o di divieto di cui all'articolo 67 o di un tentativo di infiltrazione mafiosa di cui all'articolo 84, comma 4, la (banca dati nazionale unica) e' collegata telematicamente con il Centro elaborazione dati."

ción que podemos agrupar en: a) medidas de tutela b) de sostenimiento económico c) de integración socio-laborales y d) una específica duración de las mismas:

– Medidas de tutela: vigilancia y protección policial del testigo, medidas técnicas de aseguramiento técnico del domicilio de la víctima, garantizar el desplazamiento con seguridad del testigo dentro y fuera de su lugar de residencia (artículo quinto[65]).

– Medidas de sostenimiento económico: pago de prestaciones periódicas o discontinuas, por la falta de desarrollo de actividad laboral como consecuencia de la adopción de medidas de protección, teniendo en cuenta su patrimonio y necesidades económicas (artículo sexto[66]).

– Medidas de integración sociales y laborales: la conservación del puesto de trabajo o el traslado a otra administración pública si fuere funcionario público cuando por razones de seguridad no pueda realizar sus activida-

---

65 Articolo 5: Al fine di assicurare l'incolumita' dei testimoni di giustizia e degli altri protetti e la sicurezza dei loro beni, sono applicate speciali misure di tutela che, secondo la gravita' e l'attualita' del pericolo, possono prevedere: a) la predisposizione di misure di vigilanza e protezione; b) la predisposizione di accorgimenti tecnici di sicurezza per le abitazioni, per gli immobili e per le aziende di pertinenza dei protetti; c) l'adozione delle misure necessarie per gli spostamenti nello stesso comune e in comuni diversi da quello di residenza; d) il trasferimento in luoghi protetti; e) speciali modalita' di tenuta della documentazione e delle comunicazioni al servizio informatico; f) l'utilizzazione di documenti di copertura.

66 "Articolo 6: Al fine di assicurare ai testimoni di giustizia e agli altri protetti una condizione economica equivalente a quella preesistente,sono applicate speciali misure di sostegno che prevedono: a) il pagamento delle spese non continuative o periodiche che il testimone di giustizia o gli altri protetti sostengono esclusivamente in conseguenza dell'applicazione delle speciali misure di protezione; b) la corresponsione di un assegno periodico in caso di impossibilita' di svolgere attivita' lavorativa o di percepire i precedenti proventi a causa dell'adozione delle misure di tutela o per effetto delle dichiarazioni rese. La misura dell'assegno e delle integrazioni per le persone a carico prive di capacita' lavorativa e' definita tenendo conto delle entrate e del godimento di beni pregressi, determinati attraverso il reddito e il patrimonio risultanti all'Agenzia delle entrate per l'ultimo triennio ed escluse le perdite cagionate dai fatti di reato oggetto delle dichiarazioni."

des, asignación de bienes objeto de decomiso judicial para atender las necesidades del testigo protegido, o el mantenimiento del puesto de trabajo o de uno equivalente en el sector privado (artículo séptimo[67]).

- Duración de las medidas: 6 años desde la solicitud de protección, salvo que se considere que, en atención a las circunstancias del testigo protegido, fuere necesario prorrogar el plazo o acortarlo.

---

67 "Articolo 7: Al fine di assicurare ai testimoni di giustizia e agli altri protetti l'immediato reinserimento sociale e lavorativo, sono applicate speciali misure che prevedono: a) la conservazione del posto di lavoro o il trasferimento presso altre amministrazioni o sedi, qualora i testimoni di giustizia o gli altri protetti, per ragioni di sicurezza, non possano continuare a svolgere la loro originaria attivita' lavorativa, secondo quanto previsto dai regolamenti di cui all'articolo 26; b) la tempestiva individuazione e lo svolgimento, dopo il trasferimento nella localita' protetta, di attivita', anche lavorative non retribuite, volte allo sviluppo della persona umana e alla partecipazione sociale, secondo le inclinazioni di ciascuno [...]."

7

REINO DE ESPAÑA: NUESTRAS ARMAS FRENTE A LAS ORGANIZACIONES CRIMINALES

7.1. El delito de organización criminal. Distinción con figuras afines

En el Derecho español, la respuesta penal frente al crimen organizado se articula de manera sustantiva y procesal, tomándose como base legislación internacional como la Convención de Palermo del año 2000 y la Decisión Marco de la Unión Europea número 2008/841, ambas normas de obligado cumplimiento para el Estado español. Fue introducido en nuestro ordenamiento, como ya se dijo anteriormente, en virtud de LO 5/2010 de reforma del Código Penal.

En todas las normas referenciadas se ofrece un concepto de organización criminal que difiere del ofrecido en la Ley RICO, pues en ésta se exige para probar una conducta de delincuencia organizada al menos dos actos que revelen un patrón de conducta mafiosa/organizada, mientras que en Palermo, la DM y el artículo 570 bis CP se castiga la propia integración, constitución o participación activa como veremos.

En lo que concierne a la parte sustantiva, el artículo 570 bis CP castiga a quienes promuevan, constituyan, organizaren o coordinaren una organización criminal, o a quienes participaren activamente en la organización, formaren parte de ella o cooperaren económicamente de cualquier otro modo con la misma.

Asimismo, el párrafo segundo de dicho precepto viene en disponer que se entenderá por organización criminal la agrupación de más de dos personas con carácter estable o por tiempo indefinido con el fin de cometer delitos.

Toda organización criminal presupone la existencia de una estructura ordenada y jerárquica criminal de tal modo que, conformada la misma, toda comisión de un hecho punible pasa por un procedimiento de toma de decisiones desde la cúpula de la organización, administrándose consecuentemente los roles y funciones y acatándose las decisiones establecidas por los líderes de la misma. No es necesario que se trate de una jerarquía compleja o de una envergadura concreta, sino un reparto perfilado de responsabilidades y tareas. Esta es una de las principales diferencias con el grupo criminal al que se refiere el artículo 570 ter CP: si bien ambos entes surgen con el propósito firme de delinquir, lo cierto es que les diferencia la mayor (y mejor) estructura de la organización. Este es el parecer de la Sala Segunda del Tribunal Supremo, que sostiene lo siguiente:

«Y tiene declarado esta Sala, como es exponente la Sentencia 576/2014, de 18 de julio (RJ 2014, 3681), que la organización y el grupo criminal tienen en común la unión o agrupación de más de dos personas y la finalidad de cometer delitos concertadamente. Pero mientras que la organización criminal requiere, además, la estabilidad o constitución por tiempo indefinido, y que se repartan las tareas o funciones de manera concertada y coordinada (necesariamente ambos requisitos conjuntamente: estabilidad y reparto de tareas), el grupo criminal puede apreciarse cuando no concurra ninguno de estos dos requisitos, o cuando concurra uno solo. De esta forma, se reserva el concepto de organización criminal para aquellos supuestos de mayor complejidad de la estructura organizativa, pues es, precisamente, la estabilidad temporal y la complejidad estructural lo que justifica una mayor sanción en atención al importante incremento en la capacidad de lesión[68]».

La definición de organización se prevé en el propio 570 bis CP: «*A los efectos de este Código se entiende por organiza-*

---

68 STS Sala Segunda núm. 644/2015 de 13 octubre.

ción criminal la agrupación formada por más de dos personas con carácter estable o por tiempo indefinido, que de manera concertada y coordinada se repartan diversas tareas o funciones con el fin de cometer delitos».

Son distintas conceptualmente la asociación ilícita del 515 CP y la organización criminal del 570 bis CP[69]. Conforme al primero, son punibles aquellas asociaciones que:

a) Tengan por objeto la comisión de delitos o que, una vez constituidas, promuevan su comisión.

b) Las que, aun teniendo por objeto un fin lícito, empleen medios violentos o de alteración o control de la personalidad para su consecución.

c) Las organizaciones de carácter paramilitar.

d) Las que promuevan o inciten directamente al odio, hostilidad, violencia o discriminación, contra personas, grupos o asociaciones por razón de su ideología, religión o creencia, la pertenencia de algunos de sus miembros o de alguno de ellos a una raza, etnia, o nación, por su sexo, orientación sexual, situación familiar o discapacidad.

La asociación ilícita supone la existencia de al menos dos personas que, previo *pactum sceleris*, resuelven cometer alguna de las conductas establecidas y que como señala nuestro Tribunal Supremo, *«los asociados han repartido las tareas a realizar así como una cierta continuidad temporal o durabilidad que sobrepase la simple consorciabilidad»* (STS núm. 797/1995, de 24 de junio). Más recientemente la STS núm. 544/2012, de 2 de julio, ha venido exigiendo la *«existencia de una pluralidad de partícipes, estructura definida, distribución de funciones, órgano directivo y vocación de permanencia, en concordancia con el propio concepto constitucional de asociación».*

Tal estructura delictiva viene actuando con infracción de lo dispuesto en el artículo 22 de nuestro texto constitucional, en el que se proscribe a aquellas asociaciones tanto con carácter paramilitar como a aquellas prohibidas por nuestro Código Penal.

---

69 Javier Veiga Vacchiano, «Práctica judicial: distinción conceptual y probatoria entre las organizaciones criminales y asociaciones ilícitas», 7 de agosto de 2018, *Legal Today-Aranzadi.*

No sólo se persigue a aquellas uniones de personas que, actuando al margen de cualquier control público, incurran en los supuestos del 515 CP, sino también a aquellas asociaciones que, con vulneración de lo previsto en la Ley Orgánica 1/2002, reguladora del derecho de asociación, incurran en las conductas precitadas: ello ya fuere porque i) se hubiere apreciado desde el Registro de Asociaciones dependiente del Ministerio del Interior la existencia de indicios de delito en el proceso de constitución o ii) porque tras su constitución se revele una operativa criminal por los motivos del artículo 515 CP.

En cuanto al *iter criminis* no sólo se castiga a los individuos que, constituyendo una asociación ilícita, hayan cometido un hecho previsto como delito en nuestro Código o en otras leyes especiales (véase el artículo tercero de la Ley 12/1995 de Contrabando), sino a los que conformando una asociación delictiva hubieren llevado a cabo actos preparatorios para dar lugar a la ejecución de delitos, como consigna la STS núm. 69/2013, de 31 de enero, así como el artículo 519 CP.

En suma, podemos afirmar que:

a) La asociación ilícita, como se infiere de los numerales 1.º y 2.º del 515 CP, puede haberse constituido legalmente y perseguir un objetivo lícito, y posteriormente orientarse a la comisión de hechos delictivos. La organización criminal, por su parte, se constituye ya *ab initio* con el propósito de delinquir, dada la redacción del 570 CP.

b) Mientras que la asociación ilícita implica la existencia de una *societas sceleris* de carácter estable y con un relativo concierto entre sus integrantes, la organización necesariamente supone la existencia de una *«pirámide jerárquica»* con una jefatura criminal responsable de la toma de decisiones y atribuciones a cada uno de los miembros jerárquicamente inferiores.

c) La punición de los responsables de una asociación ilícita viene motivada por la membresía y, en consecuencia, por la responsabilidad como integrantes; en la organización criminal se castigan múltiples formas de participación, además de la propia membresía (cooperación económica, participación activa y cualquier otra forma de participación. Por ende, el castigo es diverso.

Penológicamente, ambas figuras resultan nuevamente distintas: la asociación ilícita se castiga con las penas de prisión de dos a cuatro años, multa de doce a veinticuatro meses e inhabilitación especial para empleo o cargo público por tiempo de seis a doce años si se tratase de los fundadores, directores y presidentes de las asociaciones; si se tratase de miembros activos de la asociación, las penas de prisión de uno a tres años y multa de doce a veinticuatro meses. Como ya se ha expuesto anteriormente, las penas de prisión correspondientes a la organización criminal son ostensiblemente superiores, aun en el caso de que tenga por finalidad la comisión de delitos menos graves o leves.

7.2. Clases de organizaciones criminales más relevantes en España

La tipología de las organizaciones criminales, si bien responde a elementos comunes que exige el propio artículo 570 bis CP, es diversa en función del contexto social, político y cultural del que provenga. Así, encontramos:

– I. Organizaciones del antiguo *«bloque soviético»*: se trata de estructuras cuyos miembros son nacidos o provenientes de las antiguas exrepúblicas satélites de la Unión de Repúblicas Socialistas Soviéticas. Concretamente, personal desmovilizado o retirado de las respectivas Fuerzas Armadas, o que siempre se han movido en los bajos fondos. Con independencia de su origen, se trata de integrantes con habilidades útiles para la perpetración de delitos en el seno de tales organizaciones, tanto desde un plano económico/de coadyuvancia a materializar las ganancias provenientes del crimen como desde un plano ejecutivo-violento. Es característico el empleo de tatuajes en forma de estrella, cruces o animales, con diverso significado. Fue pionera en el análisis de estas estructuras la SAN, Sección Primera, de 18 de junio de 2016, que fue recurrida posteriormente en vía casacional, en la que se estableció la siguiente jerarquía:

> «Basta para enmarcar estos hechos, que la Audiencia ya establece en el primer apartado del factum una referencia a las organizaciones criminales gestadas en la antigua Unión Soviética, las cuales se han ido extendiendo

por distintos países europeos, formando una compleja red. Los líderes, con capacidad para dar órdenes e instrucciones al resto de los miembros, reciben la denominación de ladrones en ley (Vor a Zakone). Los miembros de estas organizaciones llevan a cabo por toda Europa distintas acciones, incluso armadas, contra personas y bienes, trafican con armas y con drogas, todo ello para obtener dinero.

Los ingresos así logrados los colocan en unas cajas comunes, distribuidas por distintos países, que utilizan para atender las necesidades de la organización, hacer pagos a sus miembros o incluso para hacer préstamos. Las entradas y salidas de partidas de estas cajas, siguiendo las órdenes del ladrón en ley que corresponda, se contabilizan en sus propios libros, que ocultan separados del dinero.

Los fondos de estas organizaciones se trasladan de unos países a otros, en su mayor parte en metálico en forma clandestina, y generalmente sólo en cantidades muy pequeñas a través de entidades oficiales. Finalmente tratan de hacerlos aflorar a través de negocios de apariencia legal, que figuran a nombre de otras personas físicas o jurídicas, Se utilizan especialmente negocios de transporte de paquetería destinada a sus países de origen[70]».

– II. Organizaciones con orígenes en América del Sur y que, tras su implantación con éxito en sendas ciudades de los EE.UU (Nueva York, Miami, Chicago o Baltimore), se trasladan a territorio español. La estructura de éstas es sensiblemente parecida a la de las mafias italianas, aunque con denominaciones y significaciones distintas, y la averiguación de tales elementos se fundamenta en la actuación de las Fuerzas y Cuerpos de Seguridad del Estado (los denominados informes de inteligencia policial). La STS Sala Segunda núm. 596/2019, de 3 de diciembre, los recoge con pródigo detalle, en relación con la banda latina «Latin Kings»:

«La banda latina "Latin Kings" es una organización criminal de origen estadounidense, cuando grupos de hispanos y afroamericanos protagonizan violentos incidentes en las ciudades de Chicago y Nueva York por el

---

70   STS Sala Segunda núm. 149/2017, de 9 de marzo.

control de las calles, y en los años 60 se extiende a un centro penitenciario neoyorkino, agrupándose sus componentes en cuadrillas carcelarias, y poco a poco el grupo se va extendiendo al resto de ciudades americanas captando jóvenes de las comunidades hispanas, pasando a autodenominarse coloquialmente como "DIRECCION030", estableciéndose una entidad para cada país donde van extendiéndose, estableciéndose un conjunto de "reglas" y "leyes" conocido corno "La Constitución" o "La Literatura".

La estructura de la banda latina es rígida y piramidal, donde la palabra dictada por un dirigente se obedece sin cuestionario, bajo amenaza de castigo, incluso Físico y cada integrante tiene roles perfectamente definidos dentro de su categoría.

Sus emblemas o insignias se centran en una corona con cinco puntas y la cabeza de un rey con corona. Utilizan la mano derecha (considerada como sagrada) abierta con los dedos medio y anular plegados hacia la palma de la mano como signo de identificación entre sus miembros. La banda se implanta de manera concreta en España en fecha 14-2-00 cuando es coronado como Rey en Ecuador, Horacio, conocido como Torero, que funda la organización en nuestro país, quien ha ingresado en prisión por varios delitos violentos, si bien sigue siendo considerado el Padrino, máximo responsable de la banda.

La organización tiene estructura a nivel nacional, regional y local, agrupándose en los llamados Chapters o Capítulos, formados por unos 20 a 30 individuos (en la actualidad los Capítulos están formados por unos 15 miembros), considerándose la estructura básica de la banda y es donde se efectúa la labor de captación de los posibles miembros, a los que, desde su inicio se les obliga al pago de cuotas semanales que varían entre 3 y 6 euros aproximadamente. En la actualidad se estima por la Brigada Provincial ce Información de Madrid que en la Comunidad de Madrid se encuentran implantados en torno a seis capítulos.

A los miembros de la banda se les conoce como Membresía, pero para adquirir la cualidad de miembro de pleno derecho o Rey, hay que pasar por las etapas de Asociado, jóvenes en su mayoría menores de edad que frecuentan la banda pero que aún no forman parte de la misma y Fase, ¡grupo al que se entra cuando e! Asociado decide integrase en la estructura de la organización, con cuatro escalones o puestos, siendo el ascenso a cada uno decisión de los oficiales del Capítulo tras elevar consulta a los Oficiales del Reino y tras haber pasado una serie de Ritos Iniciativos, siendo el más destacado la prueba del 360, que es permanecer durante un tiempo recibiendo una paliza de varios miembros para demostrar su valentía; una vez superadas las fases, el aspirante es nombrado Rey Latino y Coronado por un Oficial de Capítulo o Reino, teniendo a su vez la escala de Rey un total de cinco rangos o fases en ascenso».

En el caso de estas bandas latinas, existe una mayor movilidad en su proceder criminal al poder actuar las distintas células *(Capítulos o Coros)*, con cierta independencia del *Padrino*, de los *Supremas* o del *Inca Supremo* (según la banda de que se trate). La simbología, las acciones violentas sobre organizaciones rivales (*caídas*, generalmente haciendo uso de armas blancas), el menudeo de sustancias ilícitas y los delitos contra el patrimonio renuevan y refuerzan su estructura.

- III. Organizaciones constituidas por nacionales españoles o comunitarios que cumplen sus propios fines o que cooperan con otras organizaciones criminales extranjeras.

7.3. Elementos del tipo de organización criminal

El bien jurídico protegido es, según doctrina consolidada de nuestro Tribunal Supremo, la transgresión del orden público mediante la constitución de estructuras que permitan el desarrollo de una actividad delictiva permanente, ya sea de modo efectivo o potencialmente. También ha definido los elementos vertebradores de la existencia de esta figura típica[71]:

a) Una pluralidad de personas asociadas para llevar a cabo una determinada actividad. Al menos, de tres personas, no siendo necesario que se conozcan entre

---

71 SSTS Sala Segunda núm. 719/2013, de 9 de octubre; núm. 157/2014, de 5 de marzo y 337/2014, de 16 de abril.

sí ni la existencia de relaciones de confianza para conformar la organización.

b) La existencia de una estructura más o menos compleja en función de la actividad prevista, con un reparto de las funciones criminales a realizar

c) Una consistencia o permanencia en el tiempo, en el sentido de que el acuerdo asociativo ha de ser duradero y no con carácter transitorio.

d) El fin de la organización ha de ser la comisión de delitos.

Sobre la estructura de la organización, el Tribunal Supremo profundiza al ratificar que «*la característica de la organización criminal es la actuación dentro de una estructura organizada caracterizada por un actuar de decisiones y diversos niveles de ejecución. La organización no depende del número de personas, a salvo del mínimo exigido en el tipo penal, sino que lo decisivo es que el plan delictivo permanece más allá de las personas individuales lo que nos lleva a la existencia de una empresa criminal[72]*».

Igualmente, la propia integración dentro de la estructura criminal ya colma las exigencias del tipo en relación a la autoría, sin que sea necesario acreditar que un miembro de la organización haya perpetrado algún delito (si se prueba, se castigará autónomamente, en concurso real). El Tribunal Supremo así lo avala:

«La pertenencia a tal organización de manera activa rellena el tipo del art. 570 bis CP aunque no se haya intervenido en la comisión de más de un delito (o no esté probado: a estos efectos es indiferente). El delito de organización criminal no consiste en participar en más de un delito perpetrado por la organización; sino en integrarse en ella de forma activa, aunque no se llegue a tomar parte personalmente en ningún delito (lo que podrá acrecentar las dificultades probatorias; pero solo eso: no es problema de tipicidad)[73]».

No puede perderse de vista la importancia de la Circular 2/2011, de la Fiscalía General del Estado, sobre la reforma del Código Penal en materia de criminalidad organizada. En

---

72 STS Sala Segunda núm. 920/2016, de 12 de diciembre.

73 STS Sala Segunda núm. 903/2021, de 23 de noviembre.

este texto, se ponen de manifiesto otros indicios reveladores de estructuras delictivas, además de los que ya ha indicado con posterioridad el Tribunal Supremo:

a) Actuaciones transnacionales o intensa movilidad territorial dentro del Estado.

b) Uso sistemático de la violencia o de la intimidación grave.

c) Utilización de instrumentos jurídicos legales para crear estructuras económicas o comerciales. Es habitual el uso de cualificados profesionales o expertos para garantizar el éxito de sus actividades delictivas.

d) Actividades de blanqueo de capitales.

Igualmente, hace notar la Fiscalía General española en aquella Circular que al exigirse en el artículo 570 bis del Código Penal la comisión de «delitos», en plural, no puede tener aplicación en los supuestos en que esté orientada la organización a la comisión de un único delito, en cuyo caso habremos de acudir a la figura de la coautoría o de la conspiración para delinquir.

No se exige expresamente la concurrencia de un PORA como en el derecho estadounidense (al menos dos actos de crimen organizado y una cierta continuidad delictiva), si bien si resultan indicios del mismo la prueba del artículo 570 bis CP será ostensiblemente más sencilla.

Como apunta el Tribunal Supremo, no podrán ser condenados por el delito de organización criminal quienes sean netamente los receptadores o encubridores del delito, sin perjuicio de las penas que eventualmente les correspondiesen en virtud de los artículos 298 y ss, y 451 CP, y de la prueba que puedan hacer respecto de la existencia de la agrupación:

> «Resulta esencial deslindar los supuestos en los que, sin integrarse ni siquiera participar en la agrupación, el sujeto se relaciona con ella pero sin poder protagonizar las decisiones del grupo. Son aquellas en que, una vez culminada cualquiera de las actividades de los agrupados, decididas por ellos y culminando así sus concretos objetivos, la agrupación agota los efectos de su actividad y, a fin de obtener los rendimientos a cuya procura dirigía precisamente su actividad criminal, «comercializa» los frutos de su actividad delictiva con terceros.

Porque en tales casos ese tercero, que no se integra en el grupo y cuya voluntad no puede incidir en la actividad del grupo y que es autónomo respecto de éste, no puede tenerse, no solamente por dirigente, sino ni siquiera por partícipe de la actividad del grupo. Como no lo es el receptador de la actividad del que le reporta los efectos del delito patrimorial. Y como tampoco lo es el encubridor. Porque aquél y éste actúan fuera del ámbito de la actividad delictiva objetivo de la actividad de la organización criminal[74]».

Pone en valor la Sala Segunda que la mera realización de actuaciones que pudiesen coadyuvar al fin delictivo de la organización no implica, sin que existan otros elementos probatorios periféricos que lo corroboren, que tenga pleno conocimiento de dicho fin o de la pertenencia o participación activa en la estructura delincuencial:

«No sabemos a qué frase concreta atribuye el juzgador de instancia esa virtualidad persuasoria. Ni la hallamos nosotros. Que los vehículos fueran sustraídos y adquiridos por el recurrente sabiéndolo, si bien justifica otras imputaciones, no acredita que necesariamente la actividad de quien los sustrajo y quien los recepta formara parte de la actividad imputada como un todo al grupo integrado por unos y otros, con objetivos decididos por el grupo como tal[75]».

En este sentido, la prueba de la integración, participación activa o financiación de una organización puede provenir de múltiples indicios, o prueba directa en su caso. La existencia de un contacto fluido y habitual entre sus miembros lleva racionalmente a pensar en que hay materializada una *societas sceleris*:

«Con relación al delito de pertenencia a organización criminal, el tribunal ha valorado la resultante de las 200 conversaciones telefónicas mantenidas entre los distintos elementos de la organización y que resulta no sólo de las transcripciones de las conversaciones, sino del análisis de las mismas o de las que resulta la relación

---

74 STS Sala Segunda núm. 65/2018, de 6 de febrero.
75 STS Sala Segunda núm. 65/2018, de 6 de febrero.

existente entre los acusados, y algunos en paradero desconocido, para posibilitar la reiteración de acciones, la indicación de las viviendas donde van a actuar y las maniobras para dar salida al botín obtenido. El hecho probado se apoya en la precisa actividad probatoria por lo que el motivo, carente de contenido casacional debe ser desestimado[76]».

Una diferencia fundamental que existe respecto de la regulación estadounidense prevista en la Ley RICO es que es irrelevante la comisión de uno, tres, cinco, o más delitos, graves, menos graves o leves, en el seno de una organización criminal, o como resultado de una participación activa en sus finalidades; pues sólo habrá un único delito del artículo 570 bis CP, sin perjuicio de las penas que correspondan a tales infracciones. Respecto de éstas, para individualizar la pena, hay que analizar si la finalidad es cometer de una u otra gravedad, debiendo ponderar las acciones que dan lugar a los hechos punibles individualmente y no en conjunto (en una suerte de compensación/individualización):

«Algo semejante a lo que sucede con los delitos de tracto continuado como el mencionado, acaece en casos en que una pluralidad de actividades delictivas, por exigencias del Código Penal, se reagrupan en un único delito. La continuidad delictiva es supuesto emblemático.

A los efectos del art. 570 bis CP habrá pluralidad de acciones delictivas, aunque éstas acaben constituyendo desde el punto de vista jurídico un único delito (como aquí). Pero, para optar por una u otra de las dos modalidades que contempla el art. 570 bis 1.° CP (comisión de delitos graves; comisión de delitos no graves), hay que valorar las acciones aisladamente; y no el conjunto, globalmente considerado como delito único[77]».

Como circunstancias agravantes, el artículo 570 bis.2 CP prevé el hecho de que la organización esté formada por un elevado número de personas (ya sea en la estructura central o periférica de la agrupación), que cuenten con armas u otros instrumentos peligrosos (aquellos con potencialidad de causación de lesiones o susceptibles de producir la muerte), que

---

76   STS Sala Segunda núm. 641/2018, de 13 de diciembre.
77   STS Sala Segunda núm. 879/2022, de 8 de noviembre.

disponga de medios tecnológicos avanzados de comunicación o transporte que por sus características resulten especialmente aptos para facilitar la ejecución de los delitos o la impunidad de los culpables. Si concurren dos o la totalidad de estas circunstancias el incremento de pena será aún mayor.

La organización criminal puede tener por fin la perpetración de delitos contra la vida o la integridad de las personas, la libertad, la libertad e indemnidad sexuales o la trata de seres humanos. En este caso, la punibilidad excederá nuevamente de la prevista en el apartado primero. Estas cuestiones las veremos en el epígrafe 5 de este capítulo.

7.4. Aspectos procesales del crimen organizado: jurisdicción, competencia, y la Fiscalía Especial

El derecho penal español resultará de aplicación en la totalidad del territorio nacional, pero es aquí donde se manifiesta una importante diferencia con la Ley RICO: mientras que el Congreso de los EE.UU y el SCOTUS han abogado por una aplicación territorial restringida a sus fronteras de la legislación anticrimen organizado, nuestro Código Penal y la legislación procesal nacional y europea podrán aplicarse fuera de nuestras fronteras, siendo competente en tal caso la jurisdicción española como consecuencia de hechos cometidos por españoles o extranjeros fuera del territorio nacional susceptibles de tipificarse, según la ley española. Así, el artículo 23.4 de la Ley Orgánica del Poder Judicial (LOPJ), letras i) y j) disponen que tendrán jurisdicción universal nuestros Tribunales en los siguientes supuestos de crimen organizado:

a) Tráfico ilegal de drogas tóxicas, estupefacientes o sustancias psicotrópicas, cuando se trate de la realización de actos de ejecución de uno de estos delitos o de constitución de un grupo u organización criminal con miras a su comisión en territorio español.

b) Delitos de constitución, financiación o integración en grupo u organización criminal o delitos cometidos en el seno de los mismos, siempre que se trate de grupos u organizaciones que actúen con miras a la comisión en España de un delito que esté castigado con una pena máxima igual o superior a tres años de prisión.

Sobre la Jurisdicción española en estos casos ya se ha pronunciado nuestro Tribunal Supremo, afirmando que «*la interpretación de la norma citada (art. 23.4 LOPJ) en punto a los delitos relacionados con el tráfico de drogas atribuye una triple atribución de jurisdicción universal: [...] los delitos cometidos fuera de nuestro espacio territorial de soberanía, pero excluidos también de los espacios marinos, cuando la comisión de un delito de tráfico de sustancias estupefacientes pueda ser imputado a un español o se trate de la realización de actos de ejecución de uno de estos delitos o de constitución de un grupo u organización criminal con miras a su comisión en territorio español (aspectos éstos referidos tanto a la comisión en el espacio aéreo como en otro espacio territorial nacional en donde aparezca una conexión delictiva con nuestra soberanía*[78]».

La competencia para la investigación y enjuiciamiento de este tipo de delitos difiere del modo previsto en la legislación estadounidense. Conforme a lo previsto en el artículo 87 de la LOPJ, son los Juzgados de Instrucción, a salvo de la propia competencia de los Juzgados Centrales de Instrucción de la Audiencia Nacional conforme al artículo 88, en relación con el artículo 65, de la LOPJ.

No es el Fiscal quién dirige la investigación, aun cuando ostenta un papel preponderante (cuando no único), ya se trate del Fiscal ordinario o el Fiscal Especial contra la Corrupción y la Criminalidad Organizada (o sus delegados, ex. art. 19.4 del Estatuto Orgánico del Ministerio Fiscal). En el caso de la intervención del Fiscal Especial español sí que existe una similitud con la Ley RICO, y es que podrá actuar en aquellos procesos de especial trascendencia, cuando así lo considere y se le nombre por parte del Fiscal General del Estado. Recordar lo señalado *supra*: el Fiscal General de los EE.UU. designa Fiscales especiales contra el crimen organizado.

Este es el elenco de delitos en el que, estatutariamente, la Fiscalía Especial contra el crimen organizado interviene:

«Art. 19.4 EOMF: La Fiscalía contra la Corrupción y la Criminalidad Organizada practicará las diligencias a que se refiere el artículo Cinco de esta Ley e intervendrá directamente en procesos penales, en ambos casos siempre que se trate de supuestos de especial trascendencia, apreciada

---

78   STS Sala Segunda núm. 592/2014, de 24 de julio.

por el Fiscal General del Estado, en relación con:
a) Delitos contra la Hacienda Pública, contra la seguridad social y de contrabando.
b) Delitos de prevaricación.
c) Delitos de abuso o uso indebido de información privilegiada.
d) Malversación de caudales públicos.
e) Fraudes y exacciones ilegales.
f) Delitos de tráfico de influencias.
g) Delitos de cohecho.
h) Negociación prohibida a los funcionarios.
i) Defraudaciones.
j) Insolvencias punibles.
k) Alteración de precios en concursos y subastas públicos.
l) Delitos relativos a la propiedad intelectual e industrial, al mercado y a los consumidores.
m) Delitos societarios.
n) Blanqueo de capitales y conductas afines a la receptación, salvo cuando por su relación con delitos de tráfico de drogas o de terrorismo corresponda conocer de dichas conductas a las otras Fiscalías Especiales.
ñ) Delitos de corrupción en transacciones comerciales internacionales.
o) Delitos de corrupción en el sector privado.
p) Delitos conexos con los anteriores.
q) La investigación de todo tipo de negocios jurídicos, transacciones o movimientos de bienes, valores o capitales, flujos económicos o activos patrimoniales, que indiciariamente aparezcan relacionados con la actividad de grupos delictivos organizados o con el aprovechamiento económico de actividades delictivas, así como de los delitos conexos o determinantes de tales actividades; salvo cuando por su relación con delitos de tráfico de drogas o de terrorismo corresponda conocer de dichas conductas a la Fiscalía Antidroga o a la de la Audiencia Nacional».

La letra q) del 19.4 EOMF es relevante a efectos de posibles conflictos competenciales con otras Unidades Especiales de la Fiscalía. Si se tratase de la comisión de los delitos referidos en el 19.3 EOMF, o delitos que conforme a los artículos 65, 88 y concordantes de la LOPJ, serán competente para practicar o promover la práctica de las diligencias referidas en el artículo 5 del Estatuto Orgánico.

Hasta el día de hoy, somos el único Estado que mantiene la figura del Juez Instructor, y con los actuales medios de los que goza la Administración de Justicia se hace harto complicada el transvase de las funciones de investigación al Ministerio Público, sin entrar en un análisis de la falta de voluntad política.

Tratándose de conductas organizadas que afecten a los intereses financieros de la Unión Europea, el Reglamento del Parlamento Europeo y del Consejo núm. 2017/1939 en su artículo 22 prevé la competencia exclusiva y excluyente de la Fiscalía Europea para su investigación, y la posibilidad de avocación cuando una autoridad judicial o policial distinta de ésta intente conocer de tales causas conforme al artículo 24 del Reglamento. Lo hemos tratado con anterioridad en mayor detalle *supra*.

7.5. Penas a imponer por delincuencia organizada

La punibilidad de los actos llevados a cabo por o en el seno de una organización criminal es severa, pero no del calibre previsto en la ley RICO. Se efectúa un distingo en función del grado de intervención del sujeto activo en la estructura. Así, el tipo básico de la organización criminal castiga con:

a) Pena de 4 a 8 años de prisión a quienes promovieres, constituyeren, organizaren o dirigieren una organización criminal cuando tenga por objeto o sea su finalidad la comisión de delitos graves, o pena de 3 a 6 años de prisión en los demás supuestos.

b) Pena de 2 a 5 años de prisión a quienes participaren activamente en la organización criminal o formasen parte de ella cuando tenga por objeto la comisión de delitos graves, y pena de 1 a 3 años de prisión en los demás supuestos.

El arco penológico, por aplicación de las anteriores sanciones en su mitad superior, será o bien de 6 años y un día a 8 años de prisión, o de 4 años, 6 meses y un día a 6 años en el primer supuesto; y de 3 años, seis meses y un día a 5 años o de 1 año, 9 meses y un día en el segundo cuando la estructura criminal esté conformada por un elevado número de personas, se dispongan de armas, instrumentos peligrosos y medios tecnológicos avanzados de comunicación y transporte que por sus características resulten aptos para la facilitar la ejecución o la impunidad de los delitos.

De concurrir dos o más de las anteriores circunstancias las penas se impondrán superiores en grado. Esto es:

- Pena de 8 años y un día a 12 años de prisión o de 6 años y un día a 9 años de prisión en el supuesto A) descrito anteriormente.

- Pena de 5 años y un día a 7 años y 6 meses de prisión o de 3 años y un día a 4 años y 6 meses de prisión en el supuesto B).

Sin perjuicio de su posterior exposición, hay que añadir conforme al artículo 570 quáter CP las penas de inhabilitación especial para la realización de actividades económicas o de negocios jurídicos vinculados a las actividades propias de la organización criminal y las consecuencias accesorias del artículo 129 CP. También habremos de tener presentes las penas accesorias de inhabilitación a las que se refieren los artículos 54 a 56 CP.

Si las conductas organizadas descritas a lo largo del artículo 570 bis CP atentasen contra la vida, la integridad, la libertad, la libertad e indemnidad sexual de las personas, o la trata de seres humanos se impondrán las anteriores penas, respectivamente, en su mitad superior.

7.6. El artículo 570 quáter CP. Consecuencias y penas accesorias, regla concursal y la atenuante por colaboración

7.6.1. 570 quáter.1 CP: consecuencias accesorias

«Los jueces o tribunales, en los supuestos previstos en este Capítulo y el siguiente, acordarán la disolución de la organización o grupc y, en su caso, cualquier otra de las consecuencias de los artículos 33.7 y 129 de este Código».

La redacción de este apartado es un tanto confusa. Por un lado, se alude a las consecuencias accesorias strictu sensu previstas en el artículo 129 CP; por otro, se alude a las aparentemente estipuladas en el apartado séptimo del artículo 33.7 CP. Sin embargo, lo cierto es que en este último se prevén las penas a imponer a las personas jurídicas (teniendo la consideración de graves, en todo caso). Al referirse este apartado al artículo 33.7 CP ya se incurre en error, pues sólo resulta aplicable a la responsabilidad penal de las personas jurídicas; y además da la impresión, errónea claro está, de que se trata de un delito que puede ser cometido por aquéllas, y no es el caso.

El fin último no es otro que la desaparición de la *societas sceleris* de la realidad jurídica y material, y para este camino igual no eran necesarias algunas alforjas. Hubiera sido más deseable un mayor refinamiento técnico, y aludir simplemente al artículo 129 CP, donde ya se referencia que se podrán imponer en condición de consecuencias accesorias las señaladas en el artículo 33.7 CP.

7.6.2. 570 quáter.2 CP: penas accesorias

«Asimismo se impondrá a los responsables de las conductas descritas en los dos artículos anteriores, además de las penas en ellos previstas, la de inhabilitación especial para todas aquellas actividades económicas o negocios jurídicos relacionados con la actividad de la organización o grupo criminal o con su actuación en el seno de los mismos, por un tiempo superior entre seis y veinte años al de la duración de la pena de privación de libertad impuesta en su caso, atendiendo proporcionalmente a la gravedad del delito, al número de los cometidos y a las circunstancias que concurran en el delincuente».

En este apartado se prevé, con carácter preceptiva, la imposición a los miembros, integrantes o partícipes activos de las estructuras criminales las penas accesorias de inhabilitación para la realización de cualesquiera actividades económicas o negocios jurídicos que estén vinculados con la organización, con una duración superior a la pena privativa de libertad impuesta. Esto obedece a la necesidad de evitar la posibilidad de que en un futuro puedan llevarse a cabo relaciones jurídicas que pudiesen favorecer una actividad tendente al establecimiento o favorecimiento del crimen organizado, si bien es cierto que se presume el efecto resocializador de las penas conforme al artículo 25.2 de nuestra Carta Magna.

Lógicamente el Tribunal, a la hora de cumplir con su función de individualización de la pena en caso de dictarse sentencia condenatoria, ha de tener presente ciertos parámetros. La duración de las accesorias tiene que tener presente si la finalidad de la organización criminal era cometer delitos graves, menos graves o leves; cuántos delitos se hubiesen cometido (con independencia de la pena que a éstos corresponda), y a las circunstancias de índole personal, económica, social o familiar que concurran en el autor.

7.6.3. 570 quáter.2 *in fine* CP: regla concursal

«En todo caso, cuando las conductas previstas en dichos artículos estuvieren comprendidas en otro precepto de este Código, será de aplicación lo dispuesto en la regla 4.ª del artículo 8».

El artículo 8. 4.º CP ordena que el precepto penal más gravosamente sancionado desplace a los que castiguen el hecho con menor pena (principio de alternatividad). Dijimos en líneas pasadas que podrían darse similitudes con el delito de asociación ilícita: en este supuesto, podemos estar efectivamente ante un concurso de normas penales que debemos resolver mediante un análisis de la punibilidad prevista en nuestro Código.

La problemática se dará no respecto de todas las asociaciones ilícitas del artículo 515 CP, sino de aquellas que por definición del tipo compartan características similares a la organización del artículo 570 bis CP, a saber: asociaciones que emplean medios violentos o de alteración o control de la personalidad para conseguir sus fines, organizaciones de carácter paramilitar, así como aquellas que promueven a la discriminación, el odio o la violencia contra personas, grupos o asociaciones. Quedarían fuera aquellas que, siendo *ab initio* legales, persigan con posterioridad la comisión de delitos.

La Circular 2/2011 de la FGE articula un criterio de distinción a este respecto: «*En los supuestos en que se plantee un conflicto de normas entre los arts. 515.1 y 570 bis CP, los Sres. Fiscales aplicarán el criterio de alternatividad previsto en el art. 8.4 CP, de conformidad con lo establecido en el art. 570 quáter CP, de modo que deberán aplicar el tipo con pena más grave, esto es, el art. 570 bis CP».*

El delito de asociación ilícita, ex. art. 517 CP, sanciona con una pena de prisión de prisión de dos a cuatro años, con multa de doce a veinticuatro meses y con la inhabilitación especial para empleo o cargo público por tiempo de seis a doce años. Por el contrario, el artículo 570 bis CP, castiga a los promotores, coordinadores, constituyentes, organizadores o directores del entramado criminal a una pena de prisión de cuatro a ocho años cuando la finalidad sea cometer delitos graves, y pena de prisión de tres a seis años en los demás casos, amén de las severas penas de inhabilitación del 570 quáter.2. Por tanto, el 570 bis CP desplaza a los arts. 515 y ss CP.

Tratándose de los miembros de la asociación ilícita, las penas serán de uno a tres años de prisión y multa de doce a veinticuatro meses; si son miembros de la organización criminal, se impondrá la pena de prisión de dos a cinco años cuando el fin sea cometer delitos graves, y la pena de prisión de uno a tres años más la inhabilitación del 570 quáter.2 CP. Nuevamente, el 570 bis CP desplaza a los arts. 515 y ss CP.

El mismo resultado ha de anticiparse respecto de los financiadores de la asociación ilícita, ex. art. 518 CP, que serán castigados con pena de prisión de uno a tres años, multa de doce a veinticuatro meses, e inhabilitación para empleo o cargo público por tiempo de uno a cuatro años. Las penas correspondientes a los que cooperen económicamente a los fines de la organización criminal (prisión de dos a cinco años si se trata de delitos graves, o de uno a tres años en los demás casos, más la inhabilitación del 570 quáter CP) son superiores consideradas en su conjunto.

El hecho de que el artículo 570 quáter CP opte por el criterio de alternatividad en lugar del criterio de especialidad del art. 8. 1.º CP para resolver los concursos de normas penales obedece, como señala la Circular, a la necesidad de evitar *«privilegiar con una menor penalidad a aquellas agrupaciones que revistan una cierta formalidad asociativa con independencia de la gravedad de los delitos que persigan, lo que llevaría a la absurda consecuencia que se premiaría el mayor desvalor de la conducta criminal que supone la utilización de una apariencia de legalidad que normalmente será un factor que favorece el desenvolvimiento de los fines delictivos de la organización».*

Respecto de los subtipos agravados de organización criminal previstos a lo largo de nuestro Código Penal y el artículo 570 bis (ver capítulo 5.1.2 del presente libro para el listado omnicomprensivo de subtipos), la Circular nuevamente opta por el criterio de alternatividad:

«Teniendo en consideración que la utilización de subtipos agravados por el legislador se hace en relación con aquellos delitos que más frecuentemente se cometen en el seno de una organización, la solución de optar, en esos caso, por la norma especial, esto es, el tipo agravado, compadece mal con el tenor y la finalidad de la reforma por LO 5/2010, que define de forma auténtica y que castiga autónomamente los delitos de organización y de grupo criminal, sancionando con pena superior los primeros [...] Por tanto, los Sres. Fiscales cuidarán de aplicar, de acuerdo con lo dispuesto en el artículo 570 quáter CP, conforme al criterio de alternatividad, un concurso de delitos entre el artículo 570 bis o el art. 570 ter CP, en su caso, y el tipo correspondiente al delito específicamente cometido con todas sus circunstancias si bien prescindiendo de la agravación específica de organización cuando la pena así aplicada sea superior a la que prevea el subtipo agravado».

Esto supondrá, en la práctica, la inaplicabilidad de tales subtipos agravados cuando la pena correspondiente a los mismos sea inferior a la prevista en cada caso por el artículo 570 bis CP.

7.6.4. 570 quáter.3 CP: la extraterritorialidad del precepto

«Las disposiciones de este Capítulo serán aplicables a toda organización o grupo criminal que lleve a cabo cualquier acto penalmente relevante en España, aunque se hayan constituido, estén asentados o desarrollen su actividad en el extranjero».

Decíamos antes que las cláusulas penales de la Ley RICO resultaban excluidas fuera de las fronteras de los EE.UU por regla general, salvo en ciertas circunstancias. Esto choca con la extraterritorialidad prevista en el artículo 570 quáter CP, ya que el delito de organización criminal resulta perseguible aun cuando la concreta organización tenga el elemento foráneo. La LOPJ, en su artículo 23.4, avala este parecer, siempre que se colmen sus presupuestos.

7.6.5. 570 quáter.4 CP: la atenuante por colaboración con la Justicia

«Los jueces o tribunales, razonándolo en la sentencia, podrán imponer al responsable de cualquiera de los delitos previstos en este Capítulo la pena inferior en uno o dos grados, siempre que el sujeto haya abandonado de forma voluntaria sus actividades delictivas y haya colaborado activamente con las autoridades o sus agentes, bien para obtener pruebas decisivas para la identificación o captura de otros responsables o para impedir la actuación o el desarrollo de las organizaciones o grupos a que haya pertenecido, bien para evitar la perpetración de un delito que se tratara de cometer en el seno o a través de dichas organizaciones o grupos».

La LO 5/2010, cumpliendo con las obligaciones dimanantes del artículo 4.º de la DM 2008/841, introdujo al tipificar la criminalidad organizada la posibilidad de que quienes formaren parte activa de la misma puedan arrepentirse y abandonar las actividades delictivas y cooperar enérgicamente con las fuerzas y cuerpos de seguridad, con la Fiscalía y con los Tribunales en la averiguación del delito y sus circunstancias, en la evitación de su perpetración y del desarrollo de la propia organización, y en la aprehensión de otros integrantes. Este beneficio penológico exige que, de forma similar a la atenuante de confesión ex. art. 21.5.º CP, se trate de una colaboración veraz, no obstativa o incompleta, y que lleve necesariamente a los fines previstos en el precepto. Es necesario que haya un resultado favorable para la investigación fruto de su conducta, no bastando con «intentarlo» o aportando datos ya conocidos, de muy sencilla averiguación o con escasa trascendencia.

Debe hacerse notar que el Estatuto de protección de testigos, previsto y regulado en la LO 19/1994, de 23 de diciembre, no es aplicable conjuntamente con este apartado del 570 quáter CP. Quien ostenta procesalmente la condición de investigado y coopera con las autoridades y sus agentes se expondrá sin duda a la ira de los restantes inculpados, o de la propia organización al completo, pero no puede recibir un tratamiento que está vedado por el artículo 1.1 de la LO, y por el artículo 410 de la Ley de Enjuiciamiento Criminal. Estos «*pentitos*», si bien en otros países como por ejemplo Italia o EE.UU podrían llegar a eludir una imputación por crimen organizado con sus testimonios y colaboración, en España sólo podrán ver reducida sus penas en uno o dos grados por el artículo 570 bis CP, lo cual no es baladí.

Nos viene a la cabeza a quienes hemos leído sobre esta materia el caso de Tomasso Buscetta, cuyo periplo mafioso y judicial describí anteriormente: uno de los primeros informantes desde dentro de la mafia siciliana (Cosa Nostra) que permitió al Juez Antimafia Giovanni Falcone el conocimiento de la estructura interna de la organización a la que pertenecía.

Sería sumamente interesante ampliar el radio de acción de nuestra ley de protección de testigos y del artículo 570 quáter CP: siempre que se trate de sujetos que no cuenten con una participación delictiva amplia en la organización, y que su cooperación sea de calado. No implicaría que estos sujetos eludan la acción de la justicia y el justo pago por sus delitos, pero articular nuevos mecanismos e incentivos de protección a futuribles «*pentitos*» sería más que deseable, y sobre todo, garantizar su indemnidad. En este aspecto, tuve oportunidad de denunciar e carácter absolutamente obsoleto de nuestra LO 19/1994[79], cuestión que reconoce ya a día de hoy la Fiscalía General de Estado.

7.7. Propuestas de reforma en materia de crimen organizado en nuestro Derecho penal

Con el fin de hacer más difícil el desarrollo de las actividades de las organizaciones delictivas, y cercenar sus medios,

---

[79] «La ley de testigos protegidos, "nsuficiente" para combatir el crimen organizado después de 30 años de vigencia», *Confilegal*, 19 de abril de 2023.

he recogido algunas propuestas de reforma legislativa y reglamentaria que a buen seguro ayudarían en esta empresa, tanto de cosecha propia como emanadas de la Institución a la que pertenezco:

1. La reforma del delito de tenencia de armas prohibidas, ex. art. 563 CP, y la correspondiente reforma del Reglamento de armas de 1993, artículo 4, sección 4, para incluir específicamente como armas prohibidas cualesquiera armas blancas con filo de dimensiones superiores a 11 centímetros utilizadas o con vistas a la perpetración de un delito, cuando sean adquiridas sin completar los formularios administrativos que les sean exigibles, empleadas con una finalidad legítima y avalada ésta por la autoridad competente conforme a la ley. Hasta el presente momento la enorme parquedad del tipo penal hace que no se castigue como delito la tenencia de un arma blanca de las características ya mencionadas si no se emplea de un modo dinámico, con peligro para las personas en atención a las circunstancias. Veamos jurisprudencia que confirma la atipicidad de este supuesto:

– STS Sala Segunda, núm. 903/2021, de 23 de noviembre:

«"La potencialidad lesiva de un machete como el descrito en los hechos probados está fuera de toda duda. Sus dimensiones y, en particular, la envergadura de su hoja lo convierte en un instrumento objetivamente hábil para causar, mediante su uso, un grave daño a la integridad o incluso a la vida de terceros. Exige además el Tribunal Constitucional que la tenencia del arma o instrumento se produzca, en condiciones o circunstancias que la conviertan, en el caso concreto, en especialmente peligrosa para la seguridad ciudadana, quedando excluida la intervención del Derecho penal cuando no concurra realmente ese concreto peligro sin perjuicio de que se acuda, en ese caso, al Derecho administrativo sancionador.

En el caso examinado concurren los requisitos necesarios para que la conducta que se imputa a X y a Y sea integrada en el artículo 563 del Código Penal, al concurrir los requisitos exigidos al efecto por esta Sala Casacional; así, las defensas extensibles que les fueron intervenidas deben tener la consideración de arma ya que es evidente que se trata de instrumentos destinados a atacar o defenderse. Lo mismo hemos de decir de las navajas automáticas y de las llaves de pugilato. Su tenencia está prohibida directamente en el Reglamento de armas al que la Ley se remite (Real Decreto 137/1993, de 29 de enero). Se trata de armas que tienen una especial potencialidad lesiva, habiéndose producido su tenencia en condiciones o circunstancias que las convierten, en el caso concreto, en especialmente peligrosas para la seguridad ciudadana, como lo atestigua las actividades que llevaban a cabo los recurrentes y que son descritas en los hechos probados".

Nada que no haya sido refutado en apelación se alega ahora en la casación. Sería ejercicio inútil insistir en las ideas expuestas brillantemente en la sentencia de apelación que a su vez se apoya en otras.

No sobra en todo caso recordar, en cita que tomamos prestada del claro informe presentado por la representante del Ministerio Fiscal en casación cómo la STS 616/2015, de 23 de octubre (RJ 2016, 103, en un supuesto de enorme similitud refrenda la condena por delito de tenencia ilícita de armas por el porte de un machete de grandes dimensiones».

– STS Sala 2.ª núm. 411/2020, de 20 de julio:

«La interpretación constitucionalmente conforme ha de partir de que el art. 563 CP en su primer inciso no consagra una remisión ciega a la normativa administrativa, cualquiera que sea el contenido de ésta, sino que el ámbito de la tipicidad penal es distinto y más estrecho que el de las prohibiciones administrativas. Tal reducción del tipo se alcanza, en primer lugar, en el plano de la interpretación literal o gramatical, a partir del concepto de armas, excluyendo del ámbito de lo punible todos aquellos instrumentos u objetos que no lo sean (aunque su tenencia esté reglamentariamente prohibida) y que no tengan inequívocamente tal carácter en el caso concreto. Y, según el Diccionario de la Real Academia, son armas aquellos "instrumentos, medios o máquinas destinados a ofender o a defenderse", por lo que en ningún caso será punible la tenencia de instrumentos que, aunque en abstracto y con carácter general puedan estar incluidos en los catálogos de prohibiciones administrativas, en el caso concreto no se configuren como instrumentos de ataque o defensa, sino otros, como el uso en actividades domésticas o profesionales o el coleccionismo.

En segundo lugar, y acudiendo ahora a los principios generales limitadores del ejercicio del ius puniendi, la prohibición penal de tener armas no puede suponer la creación de un ilícito meramente formal que penalice el incumplimiento de una prohibición administrativa, sino que ha de atender a la protección de un bien jurídico (la seguridad ciudadana y mediatamente la vida y la integridad de las personas, como anteriormente señalamos) frente a conductas que revelen una especial potencialidad lesiva para el mismo. Esa especial peligrosidad del arma y de las circunstancias de su tenencia deben valorarse con criterios objetivos y en atención a las múltiples circunstancias concurrentes en cada caso».

El auge de las organizaciones de origen latino y la impunidad con la que adquieren sendas y variadas armas blancas para realizar sus «caídas» sobre grupos rivales o sobre ciudadanos inocentes impregnan un toque de atención al legislador para que se ponga manos a la obra en este particular. Particularmente grave es el caso de las que operan en la Comunidad de Madrid, que desbordan a nuestra Fiscalía de Menores (quienes cometen delitos contra la vida o la integridad física son adultos pero también menores de 18 años que se inician y «bautizan» en esta vida criminal cometiendo este tipo de hechos).

2. La reforma del delito de organización criminal, ex. art. 570 bis CP, y del artículo 370 CP (tráfico de drogas tóxicas, sustancias estupefacientes o psicotrópicas hiperagravado), introduciendo como circunstancias cualificadoras/agravatorias de la responsabilidad criminal la tenencia de combustible de cualquier índole en cantidades superiores a la administrativamente permitida cuando de este modo se favorezcan los fines de la actividad criminal organizada, o el contrabando de este combustible con idéntica finalidad. La utilización de vehículos marítimos o terrestres favorece al crimen organizado en el tráfico de drogas, quien se encuentre en posesión del combustible necesario para aquéllos y esté vinculado al crimen organizado de algún modo debe responder penalmente por ello.

La Fiscalía General del Estado, en su Memoria Anual de 2023 presentada a Su Majestad el Rey, puso de manifiesto esta necesidad, como también lo hizo la Fiscal Jefa de la Fiscalía Especial Antidroga Excma. Sra. Dña. Rosa María Morán, de tipificar este tipo de conductas a través de un tipo de peligro concreto, modificando el artículo 568 CP para su inclusión. De esta forma, y como indica la Memoria, se salvarían problemas de tipificación respecto de la anterior alternativa. Creo que, al menos incluir en el artículo 570 bis.2 CP la circunstancia citada con anterioridad puede servir a buen fin, con las locuciones que propone nuestra FGE. Esta es la propuesta reflejada en la Memoria:

«La propuesta que se recoge parte de la actual configuración del tipo de peligro abstracto del art. 568 CP, realizándose las oportunas modificaciones en el mismo que, de igual manera, solventasen algunos de los problemas que la actual tipificación plantea. En primer lugar, se propone la introducción de la locución «con temeridad manifiesta», que ya es utilizada en nuestro Código Penal en el ámbito de los delitos contra la seguridad vial, en concreto en el art. 380 CP, si bien tratándose de un tipo de peligro concreto. Con ello se recogería, de modo explícito, la exigencia jurisprudencial relativa al elemento subjetivo del tipo, consistente en la conciencia de que la tenencia de esas sustancias supone un riesgo prohibido y la voluntad de realizar la conducta pese a ese conocimiento.

Por otro lado, y en cuanto al elemento de tipo que se remite a la llamada "ley penal en blanco", cabe valorar la sustitución de los términos actualmente utilizados — "no autorizados por las Leyes o la autoridad competente"— por una técnica de remisión más acorde a la empleada en otros tipos penales vigentes, que hacen referencia a "la contravención de las leyes u otras disposiciones de carácter general".

Asimismo, en atención a la mayor habitualidad con que se producen las conductas peligrosas recogidas en el tipo penal respecto de la gasolina, cabría incorporar un nuevo apartado en el artículo que, a los efectos del precepto, se repute manifiestamente temerario un solo transporte o el depósito en un único lugar de carburantes líquidos que superen el límite reglamentariamente impuesto en las veces que se considerase oportuno».

También creo que alguna enseñanza útil podemos extraer de la Ley Federal Mexicana para Prevenir y Sancionar los Delitos Cometidos en Materia de Hidrocarburos, en conexión con su Ley contra la Delincuencia Organizada, en donde se castiga la sustracción y apoderamiento de vehículos de transporte de combustible, o del propio combustible cuando no exista consentimiento por parte de los contratistas, asignatarios o distribuidores del combustible; o enajene, resguarde, transporte, almacene, distribuya, posea, suministre o altere los hidrocarburos. En nuestro país, la distribución y venta de hidrocarburos se efectúa por parte de empresas privadas sin necesidad de la existencia de un concurso público, luego puede ceñirse la propuesta normativa a los distribuidores.

3. La reforma de la LO 19/1994, de 23 de diciembre, de protección de testigos y peritos en causas criminales, en el sentido establecido en los epígrafes 3.2, 6.3 y 10.6.5 de esta obra. Creo que es interesante tomar como referencia las legislaciones penales estadounidense e italiana analizadas supra, a las cuales me remito para no exasperar la paciencia del lector.

4. Una mayor inversión en la Justicia, que se traduzca en el incremento de sedes judiciales y de medios materiales que permitan hacer frente a las cada vez mayores y/o más complejas investigaciones penales sobre organizaciones criminales. En la actualidad, nuestro país se encuentra muy por debajo de las medias europeas: En el estudio *«European judicial systems CEPEJ Evaluation Report 2022 Evaluation cycle»*, elaborado por el Consejo de Europa en relación con los 44 sistemas judiciales que son objeto de revisión, España cuenta con 11,24 jueces por cada 100 mil habitantes, frente a los 17,60 de la media europea. En lo que se refiere a la Fiscalía, España figura con 5,37 por cada 100 mil habitantes, a diferencia de los 11,10 de la media europea.

Si bien la inversión no es excesivamente mala (unos 88 euros por habitantes, 4 mil millones de euros en total, frente a los 64,5 euros de la media europea), se trata de una inversión ineficiente.

Según precisa el Consejo de Europa, en el caso de España un 86 % se destina a los tribunales y un 7 % a la Fiscalía. A pesar de ello, se disminuyen cada vez más las convocatorias de jueces y fiscales, y prueba de ello tenemos el acuerdo de la Comisión de Selección del CGPJ de la convocatoria del año 2022, con unas 240 plazas entre jueces y fiscales: la convocatoria entrante, correspondiente al año judicial 2023, no ampliará las mismas. No se habilitan nuevas sedes, como viene reclamando el CGPJ, cuyas peticiones son de sobra conocidas.

A mayor abundamiento, refleja la Memoria de la FGE lo siguiente:

«En el año 2022 la cifra total de diligencias previas incoadas ha crecido en menor proporción que ocurrió en 2021 frente a 2020: se aumenta solo en un 2,24 % respecto del año anterior, que superó en el 6 % al precedente. En 2022 se han incoado 229.066 diligencias urgentes, lo que supone un 13,23 % respecto a 2021, algo menor que el 21,12 % que se observaba en 2021 respecto a 2020. Por tanto, continua la tendencia alcista observada desde 2015 a 2019, aunque con menor incremento.

Vuelve a apreciarse un aumento en el número de procedimientos ante el Tribunal del Jurado, ya que en 2022 se aumenta un 2,61 % respecto a 2021 (de 649 a 666) de forma que los incrementos se convierten en la tendencia pues, y recuérdese que 2020 la incoación de procedimientos ante el Tribunal del Jurado solo creció un 2,7 %, pero en el año 2019 creció un 24 % y en el año 2018 un 14 %. La incoación directa de sumarios se mantiene en 2022 en términos similares al ejercicio anterior».

Así pues, y solamente tomando como referencia los procedimientos penales, continúa la pendencia de causas sin que se traduzca en un refuerzo personal y material. Y con el debate sobre si los Fiscales debemos asumir la instrucción, función para la cual aún no estamos preparados. No con estas ruedas de molino, desde luego.

5. Como bien refleja la Memoria de la FGE de 2023, hay que poner el foco de una vez por todas en centralizar la lucha contra la criminalidad organizada de calado. Tenemos que unificar el tratamiento jurídico en sede judicial para el conjunto de organizaciones criminales relevantes que actúen en territorio español, ya estén asentadas o constituidas en España o en el extranjero. Debemos

repensar y reformar el artículo 65 de la Ley Orgánica del Poder Judicial, donde como ya dijimos se establecen las competencias de la Audiencia Nacional. Extracto una parte de la Memoria que resulta absolutamente demoledora y que no podemos obviar:

«Tal y como refieren tanto la Fiscalía de la Audiencia Nacional como la Fiscalía Especial Antidroga, el actual marco de competencias de dicho órgano judicial ha quedado obsoleto y sobrepasado por la realidad jurídica. Por un lado, la lucha contra la criminalidad organizada, en todas sus formas, se ha convertido en uno de los ejes fundamentales de las políticas de la Unión Europea: el terrorismo nacional e internacional, las amenazas híbridas, la trata de seres humanos, la explotación sexual, la pornografía infantil, la delincuencia económica y la cibercriminalidad son algunas de ellas. En todos estos supuestos y en otros se percibe la necesidad de un órgano único y centralizado como eje de lucha contra esta nueva criminalidad. Por otra parte, la delincuencia organizada dedicada al narcotráfico ha evolucionado, desarrollando una dimensión global, digital y económica sin precedentes, con alianzas entre estructuras criminales trasnacionales que superan el actual modelo que atribuye la competencia a la Audiencia Nacional en los casos de crimen organizado cuando la actividad delictiva despliega efectos en el ámbito de más de una provincia».

EPÍLOGO

Con esta monografía el objetivo que he perseguido es resaltar un problema que para los integrantes de la Administración de Justicia se nos presenta en nuestro día a día. Existe una percepción social de seguridad, pero ello no debe impedir que bajemos los brazos en la lucha contra la delincuencia estructurada. Es cierto que contamos con medios razonables y eficaces para combatir a las mafias. También es cierto que no hemos contado con las dificultades histórico-legales que sí han padecido los EE.UU, Italia, y ahora con mayor magnitud Francia, Holanda y otros Estados. Del mismo modo, los instrumentos e instituciones internacionales de cooperación facilitan la respuesta penal entre las autoridades judiciales y ejecutivas nacionales, y cada vez son ampliados y reforzados.

Por supuesto que existe margen de mejora. Prueba de ello son las propuestas que formulo, así como las provenientes de la propia Fiscalía General del Estado, a la que tengo el orgullo y el privilegio de pertenecer. Tampoco podemos obviar el hecho de que conforme avanza el Derecho, el delincuente no se queda atrás y busca formas con las que vencernos, por no hablar del incremento en las zonas costeras y en las grandes ciudades de nuestro país del crimen organizado. No obstante, ahí tenemos la Historia y la hemeroteca jurídica, nacional e internacional. Utilicemos el Derecho comparado como herramienta.

Mientras sigamos en alerta, con voluntad no solamente de los partícipes en la Justicia sino del legislador y del ejecutivo, con más medios personales y materiales nuestros conciudadanos pueden tener la seguridad de que las organizaciones criminales se encuentran fuertemente vigiladas y bajo la lupa de fuerzas policiales, Jueces, Magistrados y Fiscales.

BIBLIOGRAFÍA

Braziller, Kenneth A. (1987), «Statutes of Limitations in Civil Rico Actions After Wilson v. Garcia», *Fordham Law Review*, Fordham University.

Candito, Alessia (7-01-2023), «'Ndrangheta, chiesti più di 4 millenni di condanne per i clan del Vibonese. Diciassette anni per l'ex senatore Pittelli», *Diario La Repubblica*.

DW Documental (29-06-2021), *Persecución a la mafia en Calabria*.

Eisenstadt, Todd (2004), *Courting Democracy in Mexico: Party Strategies and Electoral Institutions*, Cambridge, Cambridge University Press.

EMPACT Factsheet, *Fighting Crime Together*, Empact 2022 results.

European Public Prosecutor`s Office (11th August 2023), «Bulgaria: EPPO carries out searches in probe into railway works over 241 million euros», *European Prosecutors Office Press Release*.

European Public Prosecutor`S Office (11th November 2021), «Former minister and 3 others arrested for suspected fraud at Croatian Ministry of Regional Development and EU Funds», *European Prosecutors Office Press Release*.

European Public Prosecutor`s Office (1st of October 2021), «EPPO conducts searches in Austria as part of cross-border investigation into customs fraud», *European Prosecutors Office Press Release*.

EUROPEAN PUBLIC PROSECUTOR`S OFFICE (22nd of February), «EPPO busts €25 million VAT fraud spread across eight countries: 17 arrests, including alleged ringleader», *European Prosecutors Office Press Release*.

GONZÁLEZ DÍAZ, Marcos (25-08-2023), «Ayotzinapa: quién es Jesús Murillo Karam, el exfiscal de México acusado de torturas y desaparición forzada por el caso que marcó al país», *BBC World News Mexico*.

GONZÁLEZ, Virgilio (19-04-2023), «La ley de testigos protegidos, «insuficiente» para combatir el crimen organizado después de 30 años de vigencia», *Confilegal*.

LÓPEZ CABIA, David (17-04-2022), *El oscuro papel de la mafia en la Segunda Guerra Mundial*, Blog.

MONTERO, Juan Carlos y GONZÁLEZ ARÉCHIGA, Bernardo (4-07-2011), «La estrategia contra el crimen organizado en México: análisis del diseño de la política pública», *SciELO*, vol. 20 (39).

PARDO GONZÁLEZ, Yolanda, *Las Mafias Italianas, Estudio Criminológico y de los principales procesos judiciales: del maxiproceso de Palermo a la Mafia Capitale Romana*, Editorial Dyckinson, 2020.

Relazione di Minoranza, dei deputati LA TORRE, BENEDETTI, MALAGUGINI E DEI SENATORI ADAMOLI, CHIAROMONTE, LUGNANO, MAFFIOLETTI, 1976, Camera dei Diputati.

ROBERTO CASSARO, Vicent (5-11-2018), «El Prefecto de Hierro Cesare Mori: Cuando el Fascismo intentó luchar contra la Mafia», *IlSicilia.it*.

VEIGA VACCHIANO, Javier (11-01-2023), «La Ley Orgánica 14/2022, de reforma del Código Penal, y su afectación a la malversación», *Fundación Hay Derecho*.

VEIGA VACCHIANO, Javier (12-08-2023), «El TJUE limita nuevamente las denegaciones de ejecución de las OEDEs», *The Economist & Jurist*.

VEIGA VACCHIANO, Javier (4-05-2018), «La lucha contra la criminalidad organizada: la Ley Orgánica 19/1994 de protección de testigos», *Legal Today- Aranzadi*.

VEIGA VACCHIANO, Javier (7-08-2018), «Práctica judicial: distinción conceptual y probatoria entre las organizaciones criminales y asociaciones ilícitas», *Legal Today-Aranzadi*.

WITNESS, HISTORY & CRIME DOCUMENTARY (27-07-2022), *Prosecuting the 'Ndrangheta Mafia: The Most Dangerous Mafia in Italy, Calabrian Mafia Documentary*.